KOUD
KUNSTJE

MIX
Papier van
verantwoorde herkomst
FSC® C004472

www.innerfire.nl
www.wimhofmethod.com
www.sportrusten.nl

Vijfde druk oktober 2015

Hermen Grasman Ontwerp
Foto omslag: Henny Boogert
ISBN 978 94 9172 925 6

WIM HOF **KOUD**
KOEN DE JONG **KUNSTJE**

WIM HOF KOUD KUNSTJE

WAT KUN JE LEREN VAN DE ICEMAN?

UITGEVERIJ LUCHT BV, NEDERHORST DEN BERG

Inhoud

Voorwoord

Oktober 2011. Ik kijk naar een filmpje op internet. Een man trekt zijn kleren uit en stapt een meer in – een koud meer ergens in IJsland. Ik zie ijsbergen en een landschap bedekt met sneeuw. Het blijkt een documentaire te zijn van de BBC. Het commentaar van de documentairemaker: 'Het water is net boven het vriespunt, voor de meeste mensen is dit al binnen één minuut dodelijk.'

Niet voor deze man.

Hij zwemt een kwartier rustig rond. Die vent is gek, denk ik bij mezelf. Maar hij intrigeert me ook.
Wie is die man?

De man blijkt Wim Hof te zijn.

Hoewel ik nog niet direct het nut inzie van zwemmen tussen de ijsschotsen, ben ik wel nieuwsgierig. Ik bekijk nog een filmpje. Dit keer zwemt Hof ónder het ijs.
Het wordt steeds gekker. Ik kijk verder. Hof loopt een marathon in de sneeuw – in zijn blote bast –; Hof loopt een halve marathon door de woestijn zonder te drinken;

Hof zit een uur en vijftien minuten in een bak met ijs; Hof loopt in korte broek op de Mount Everest.

Na een halfuur met open mond naar deze filmpjes te hebben gekeken, heb ik één vraag: hoe kan dit?

Hof legt – nog steeds via internet – uit dat wat hij doet voor 80 procent met ademhaling te maken heeft. Huh? Ik doe zelf al vijftien jaar ademhalingsoefeningen, ik heb een boek geschreven over ademhaling, maar ik kan echt niet onder het ijs doorzwemmen zonder dood te vriezen.

Mijn nieuwsgierigheid groeit.

Wat doet Hof met zijn ademhaling dat hij zoveel meer kan dan ieder ander mens? Ik wil het hem heel graag zelf vragen. Via www.innerfire.nl stuur ik hem een e-mail. Geen reactie. Nog een keer. Geen reactie. Dan stuur ik nog een e-mail met verwijzing naar *Verademing*, het boek over ademhaling dat ik samen met Bram Bakker schreef. Geen reactie. Na zes pogingen is het eindelijk raak. De zoon van Hof – Enahm Hof – antwoordt: 'Het is erg druk en veel mensen willen Wim spreken. Bovendien is er wetenschappelijk onderzoek gaande in het Radboud waar veel tijd in gaat zitten.'
Maar gelukkig, ik mag langskomen.

We hebben afgesproken in een tuinhuisjescomplex in Amsterdam-West. Wim – hij draagt een T-shirt met de tekst *No rules today* – begroet me hartelijk. Goed om te weten dat hij niet alleen de fysiologische wetten aan zijn laars lapt, maar ook de regels.

Het gesprek is direct inspirerend en leuk. Hof legt tijdens dit eerste gesprek gelijk al wat ademhalingsoefeningen uit (daarover later meer) en we doen wat oefeningen ter plekke. Verrassend, het werkt. Ik voel me kwiek en scherp. Ook legt hij uit dat de koudetraining zelf een belangrijke rol speelt om je goed te voelen. Zijn extreme uitdagingen in de kou zijn niet alleen een manier om te laten zien wat hij kan met zijn lijf, de kou zelf heeft een functie. Zijn overtuiging is: kou is gezond en is iets waar we meer mee zouden moeten doen. Ook vertelt hij hoe hij dit heeft ontdekt en hoe hij mensen begeleidt die veel profijt hebben van zijn ademhalingsoefeningen en de koudetraining.

Dan vraag ik waarom hij al die extreme toeren uithaalt.

Zijn ogen worden groot als hij zegt: ‘Tussen de fysieke wereld en de ziel zit de ademhaling. Als wij mensen weer bij onze ziel komen, dan winnen we de oorlog.’

Wim ziet mijn verbaasde gezicht en vervolgt met een bulderende lach: ‘De oorlog tegen bacteriën en virussen.’

Want zijn extreme uitdagingen zijn geen doel op zich. Hij wil laten zien waartoe een menselijk lichaam in staat is. Niet zíjn lichaam, maar elk lichaam. Ook dat van jou en mij. Wim is nooit ziek. En zijn technieken werken bij veel mensen beter dan medicijnen. Maar hoe het precies werkt was tot voor kort niet duidelijk. Nu is er goed nieuws. Het geheim dat Wim al decennia kent, is sinds kort bevestigd door de medische wetenschap.

Het *autonoom zenuwstelsel* is te beïnvloeden.

Dit is onderzocht in het Radboud Universitair Medisch Centrum. Wat betekent dat voor stofwisselingsziekten als reuma en de ziekte van Crohn? En wat betekent dat voor gezonde mensen? Hoeveel extra energie kun je wel niet krijgen? Als Wim marathons loopt door de sneeuw, waar zijn wij – gewone stervelingen – dan toe in staat? Kunnen wij die energie ook inzetten op ons werk? En kun je met deze techniek diabetes type 2 genezen? Het klinkt bijna té mooi om waar te zijn.

Toch wil Wim dat zijn methode de wereld verovert. En ik ben een gewillig proefkonijn. Ik ben begonnen met de ademhalingsoefeningen, ik stap in koude ijsbaden en ik oefen mijn inzet. Alles wat ik ervaar, heb ik genoteerd. Daarnaast heb ik veel mensen gesproken die ook met deze techniek aan de slag zijn gegaan. Dit boek is een weerslag daarvan, waarbij er uiteraard veel aandacht is voor de techniek, de achtergrond én de onderbouwing van Wims methode.

In dit boek schrijf ik doorgaans in de wij-vorm, omdat het geschreven is aan de hand van ons beider input, hoewel de inhoudelijke kennis grotendeels voor Wim zijn rekening is. Af en toe spreek ik echter in eerste persoon enkelvoud, omdat ik soms van een afstandje kijk naar wat Wim allemaal doet. Dus dan weet je dat: wij is wij (Wim en Koen) en ik ben ik (Koen).

De woorden met een ▸ vind je achterin in de woordenlijst terug, met wat extra uitleg.

Veel leesplezier, en alvast succes met koud afdouchen.

Koen de Jong

Inleiding

In dit boek beschrijven we een methode die ademhalingsoefeningen, koudetraining en inzet combineert. De methode is vernoemd naar Wim Hof, omdat hij degene is die deze drie onderdelen samengebracht heeft. Dat de methode vernoemd is naar Hof, is vooral vanuit praktisch oogpunt gebeurd – Hof was al bekend vanwege zijn vele televisieoptredens met betrekking tot kou.

De methode is het gevolg van Hofs jarenlange training in de natuur. Lange tijd provoceerde hij zijn lichaam door steeds extremere uitdagingen aan te gaan. Een belangrijke ontdekking daarbij is dat hij zelf controle kan hebben over zijn lichaam op een manier die de wetenschap niet voor mogelijk hield.

Iedereen kan zijn rechterhand optillen en met zijn wijsvinger aan zijn neus krabben. Maar niemand kan zelf – bijvoorbeeld – een bacterie bestrijden die in je arm wordt gespoten. Hof kan dat wel. Die kan zelf zijn autonoom zenuwstelsel▸ beïnvloeden en aansturen. In je autonoom zenuwstelsel wordt onder andere je temperatuur geregeld, je hartslag, bloeddruk, ademhaling en of je bloedvaten open- of juist dichtgaan. Dus alles wat er in je lichaam gebeurt, zonder dat je er acht op slaat. 'Gewone' mensen kunnen dat niet sturen, vandaar ook de naam autonoom zenuwstelsel. Het gaat vanzelf. Dat Hof dit systeem wel kan aansturen is lang als een medisch wonder beschouwd. Hof ziet dat anders: hij is ervan overtuigd dat ieder mens in principe in staat is zelf zijn autonoom zenuwstelsel te beïnvloeden.

In 2014 kreeg Hof gelijk. Een wetenschappelijk onderzoek in het Radboud UMC, met 24 proefpersonen, leerde dat mensen die met de methode van Hof hadden geoefend allemaal in staat waren om hun autonoom zenuwstelsel te beïnvloeden.

Een ontdekking die de wereld zal veranderen

De verstrekkende gevolgen van deze kennis zijn nog niet te overzien. Want als mensen in staat zijn om hun autonoom zenuwstelsel te beïnvloeden, wat betekent dat voor mensen met een auto-immuunziekte?▸ Auto-immuunziekten ontstaan doordat het immuunsysteem lichaamseigen cellen en stoffen als lichaamsvreemd ziet. Kun je het lijf laten weten dat dit schadelijk is, als je zelf invloed hebt op je autonoom zenuwstelsel? En mensen met overgewicht, kunnen die straks hun lichaam sturen om de energiezuinige vetten als brandstof te gebruiken? Er zijn onnoemelijk veel nieuwe mogelijkheden, als blijkt dat we echt in staat zijn om de controle te krijgen over ons lichaam. We noemen nu als voorbeeld wel erg heftige ziektes, maar ook een eenvoudige kater na een avond stappen kan volgens Hof prima te verhelpen zijn. En je kunt er veel energie mee herwinnen. Ook mensen die helemaal niet ziek zijn.

Nu Hof wetenschappelijk heeft aangetoond dat hij zijn zenuwstelsel kan beïnvloeden, wil hij niets liever dan deze techniek aan zo veel mogelijk mensen leren. Hoewel, toen een vrouw bij een cursus aan Hof vroeg wat ze ging leren antwoordde hij: ‘Ik kan je niets leren, je komt hier alleen maar wat afleren.’

Daarmee doelt Hof op het fysieke vermogen dat allang in ons lichaam aanwezig is. We moeten alleen de sleutel hebben om onze fysieke potentie te herontdekken.

Om dat te leren, hoef je maar twee dingen te doen: ademhalingsoefeningen▸ en koudetraining▸.

En om deze twee dingen goed te doen, heb je natuurlijk ook een dosis inzet nodig. Deze drie onderdelen: ademhalingsoefeningen, koudetraining en inzet noemen we ook wel de Wim Hof Methode (WHM).

We beschrijven deze onderdelen in drie afzonderlijke hoofdstukken waarbij we natuurlijk ook oefeningen geven die je zelf kunt doen. Gewoon thuis. Je kunt vandaag meteen beginnen.

Behalve oefeningen, geven we ook achtergrondinformatie over de oefeningen. Hoe weet je of de oefeningen goed gaan? En wat gebeurt er fysiologisch? Hof zal veel van zijn ervaringen delen, ter inspiratie en verdieping. Maar Hof is wel een extremist. Jij hoeft natuurlijk niet naar IJsland om een kwartier tussen de ijsbergen te zwemmen. Koud douchen is genoeg om mee te beginnen. Om die reden beschrijven we ook mensen die al met de methode bezig zijn. Er zitten bijzondere verhalen tussen. Zo slikte Marianne Peper maar liefst twaalf soorten medicijnen voor haar reuma, ook kon ze door de pijn zichzelf niet meer aankleden. Op dit moment slikt ze geen medicijnen meer en voelt ze zich erg goed.

Met dit soort verhalen hopen we dat ook jij geïnspireerd raakt om met de oefeningen aan de slag te gaan. Want de combinatie van ademhalingsoefeningen en koudetraining kan veel opleveren. We juichen het overigens van harte toe dat je sceptisch bent en dat je onze enthousiaste verhalen niet voor zoete koek slikt. Zolang je sceptisch bent, ben je ook nieuwsgierig en onderzoekend.

Hof heeft ook tegenstanders die niet sceptisch zijn, maar cynisch – zij noemen hem een charlatan. Maar als scepsis omslaat in cynisme, dan zie je ook niet wat wel werkt en wat er wel mogelijk is. Lees dit boek dus met de nodige reserve, maar laat je niet in met te veel cynisme.

Voor we beginnen met het hoofdstuk over koudetraining, kijken we eerst naar de persoon Wim Hof. Wie is toch die man die zoveel meer kan dan de meeste andere mensen?

Wim Hof

Omdat Wim Hof de naamdrager en de bedenker is van de methode, beschrijven we hier kort wie hij is. Dan ken jij hem ook een beetje, voor je met de technieken gaat werken. En het is goed om te weten hoe iemand ertoe gekomen is de kou op te zoeken en daar steeds extremer in te worden.

Sittard

Hof is geboren in 1959 en groeit op in Sittard, met zeven broers en twee zussen. Hij is in de gang van het ziekenhuis geboren. Nadat zijn moeder bevallen was van Wims tweelingbroer André, had niemand in de gaten dat er nog een tweede kind aankwam. Tot de artsen al weg waren en zijn moeder opnieuw weeën voelde komen. Zijn moeder – als katholiek – bad dat ook het tweede kind gezond geboren zou worden. In gebed sprak ze de hoop uit dat, als het kind gezond zou zijn, hij missionaris zou worden. Dat verhaal heeft zijn moeder nog regelmatig verteld en Hof denkt dat deze geboorte en de kracht van zijn moeder in zijn jeugd veel invloed hebben gehad.

Al in zijn eerste levensjaren is Hof buitengewoon geïnteresseerd in kou. Op zijn zevende vindt een buurman hem 's nachts in de sneeuw. Hof was op een strenge winternacht uit bed geklommen en voelde zich sterk aangetrokken tot het witte landschap. Hij sloop naar buiten en sliep verder in de sneeuw. Als zijn buurman hem toen niet gevonden had, was hij vermoedelijk onderkoeld geraakt en wellicht doodgevroren.

Niet alleen kou heeft aantrekkingskracht op de jonge Hof, ook boeken. Al op zijn negende leest hij boeken over exotische godsdiensten, yoga en meditatie. Deze interesse krijgt hij mee van zijn oudste broer, die na maanden liften in het Verre en Midden-Oosten terugkwam met bijzondere verhalen. Veertig jaar geleden was een dergelijke reis door Turkije, Iran, Pakistan en India nog omgeven met mystiek. Zijn broer was veranderd, niet alleen innerlijk, maar ook uiterlijk. In het straatbeeld viel hij op door zijn haar- en zijn kledingstijl. Hof keek op tegen zijn broer en voelde zich vanaf toen sterk aangetrokken tot verre landen en vreemde religies. Ook bespeurde hij bij zijn broer een energie en een vrolijkheid waar hij nieuwsgierig naar was.

De plaatselijke bibliotheek had boeken over hindoeïsme en boeddhisme, daaruit leerde Hof op jonge leeftijd al mediteren. In de katholieke kerk in Sittard was hij als jong ventje al bezig zich te concentreren op zijn eigen ademhaling, in plaats van te luisteren naar de preek. Op eigen houtje leerde hij yoga, uit *Yoga, immortality and freedom*, een boek van M. Eliade. Hof is dan pas tien jaar oud en gaat met frisse tegenzin wel gewoon naar school. Hij staat bekend als een eigenwijze, slimme en vrolijke jongen.

Hij wil weten. Niet op intellectueel niveau, maar door het te ervaren.

Op zijn zeventiende besluit hij van school te gaan en naar India te vertrekken. Hij wil er een leraar zoeken, die meer weet over waar het in het leven echt om gaat. Hof gaat op zoek naar spirituele verdieping.

India – koud water in de Ganges

Hof vliegt naar Karachi en neemt vanuit daar de trein naar New Delhi. Hij slaapt in het enorme tempelcomplex Birla Mandir, op zoek naar yogi's. Daar ontmoet hij een theehuiseigenaar en de opstandige zoon van een tapijtgigant. Deze twee mannen halen Hof over om mee te gaan naar de pelgrimsplaatsen Rishikesh en Badrinath, aan de Ganges. Samen gaan ze op pad. Het is een mooi trio: een sterke en bebaarde sikh die een theehuis beheert, een zwart schaap uit de tapijtindustrie die alles voor elkaar krijgt en de corruptie van zijn wereld zat is en Hof, die ze maar dwaas vonden omdat hij dagelijks een paar keer ging zwemmen in de Ganges. Hof stak zelfs de Ganges over, wat bij die heftige stroming een bijzondere prestatie was. Ook maakte hij indruk met zijn acrobatische yogatoeren, zonder dat hij ooit een yogales had gehad.

In India komt Hof erachter dat zijn autodidactische▸ aanpak hem al ver gebracht heeft. Zo kan hij al op één been staan en zijn andere been in zijn nek leggen, een houding waar veel mensen jarenlang voor moeten oefenen.

Zijn reisgenoten blijven achter in een ashram▸, een plek waar Hof weinig mee heeft. De 'klefgezellige' sfeer van de buitenlandse deelnemers staat hem tegen. En veel van de yogi's hebben dan wel een bijzondere techniek geleerd, de manier waarop ze dat te gelde maken staat hem tegen. Ook kan hij dan al niet veel meer leren van de yogi's, hun kunstjes beheerst Hof zelf al. Hij wandelt alleen verder.

Koud water, een ontdekking

Op de plek waar de Ganges, tussen duizenden meters hoog oprijzende bergen, in watervallen naar beneden klettert, heeft Hof een bijzondere ervaring. Hij ervaart een innerlijke rust en een enorme kracht. Hij voelt een grote behoefte om zich in de gevaarlijke waterval te storten, iets wat hij vervolgens ook doet. Na een moeizame zwempartij staat hij onder de machtige waterval, het koude water snijdt zijn gedachten subiet af.

Deze gewaarwording, van een kracht en een macht veel groter dan hemzelf, grijpt hem aan. Sindsdien houdt hij van ijskoud water.

Hof vertrok dus naar India – de bakermat van de spiritualiteit – op zoek naar *noumena* (de geest achter esoterische boeken) en vindt de impact van kou op zijn lichaam en vooral zijn geest.

Na deze ontdekking blijft Hof niet lang meer in India. Hij houdt van het land, het klimaat en de mensen, maar hij mist Nederland en gaat terug. Op dat moment weet Hof nog niet wat hij gaat doen, maar de les van het ijskoude water heeft diepe indruk gemaakt. Daar moet hij iets mee.

Amsterdam

In 1979, Hof is dan twintig jaar oud, gaat hij in een Amsterdams kraakpand wonen. Via een vriend van zijn broer komt hij terecht in De Wielingen, een oud weeshuis, waar hij met negentig andere krakers woont. Hof leeft ascetisch: hij eet weinig en doet veel aan yoga. Hij verschilt aanmerkelijk in levensstijl van de hippieachtige studenten die LSD en joints gebruiken en spacecakes eten om in mystieke sferen te komen.

In het Vondelpark laat Hof aan iedereen die interesse heeft, zien welke yogahoudingen hij allemaal beheerst. Ook legt hij graag uit wat de fysiologische basis is van deze houdingen.

Op een zonnige middag in de herfst zwemt Hof in de vijver van het park. Drijfnat gaat hij in de zon zitten om op te drogen. Dan voelt hij twee handen op zijn rug – een massage volgt. Hof blijft in zijn yogahouding zitten en kijkt niet op of om, en daar in het openluchttheater in het Vondelpark voelt hij liefde. Na de massage kijkt Hof om, recht in de ogen van de vrouw die hem masseerde. Zij laat hem stralen.

De vrouw heet Olaya en ze blijkt een Spaanse – of preciezer, Baskische – te zijn. Vanaf dat moment in het park zijn ze een jaar lang onafscheidelijk. Innig verliefd trekt Olaya in bij Hof, in het kraakpand. Het eerste jaar hebben ze geen seks, ook al slapen ze samen op een eenpersoons matje. Hun platonische relatie is toch warm en fysiek. Yoga bepaalt het leven van Hof, en zijn Spaanse vriendin waardeert dat.

Na een jaar vertrekt Olaya – ze had heimwee – naar haar ouderlijk huis in Noord-Spanje. Hof wil de wereld in en gaat samen met zijn tweelingbroer André op de fiets naar Senegal.

Op een stadsfiets naar Senegal

Vanuit Sittard vertrekken de broers op gewone stadsfietsen naar Senegal. Tijdens deze reis ontdekt Hof het effect van zon op zijn stemming. Want hoewel de twee in de herfst vertrekken schijnt deze onophoudelijk. Nare herinneringen en depressieve gedachten verdwijnen tijdens de dagelijkse ritten in de zon. Hof denkt met regelmaat aan Vincent van Gogh, van wie bekend is dat hij in het zuiden van Frankrijk minder last had van zijn depressies. Alweer ervaart Hof de grote impact van een 'gewoon' natuurelement.

Tijdens deze fietsreis heeft Hof ook een diepe, spirituele ervaring waarbij zijn lichaam en geest één worden. Het gevoel van dualiteit lijkt verdwenen, voor Hof een nieuwe doorbraak. Zijn lichaam verandert van werktuig naar voertuig. Deze sensatie heeft hij op een ochtend, na een intensieve periode van veel yogatraining. Een periode die alles te maken heeft met de ontmoeting met Wolfgang, een sympathieke Duitser die de Hof-broers in de Pyreneeën inhalen tijdens het fietsen. Omdat Wolfgang graag yoga van Wim wil leren, gaan de twee intensief aan de slag. Wim legt uit wat er fysiologisch gebeurt en doceert veel van zijn vaardigheden aan Wolfgang. Omdat deze niet naar Senegal gaat, maar op weg is naar Algiers, gaan de twee er in een stroomversnelling doorheen. De diepgang die ze bereiken blijkt ook voor Wim weer een belangrijke stap te zijn.

Na deze leerzame fietstrip gaat Hof opnieuw naar India. Dit keer niet op zoek naar yogi's, maar naar de kracht van de natuur. Onder extreme omstandigheden traint hij zijn lichaam en geest. Soms is hij dagenlang op hoogte bij een temperatuur van min 2 °C, zonder voedsel. Om deze extreme kou te trotseren, ontdekt hij een nieuw instrument: zijn eigen ademhaling. Met ademhalingsoefeningen kan hij de angst voor de kou, of de negatieve ervaring ermee, ombuigen naar een krachtige bron van energie. Hij neemt zijn lichaam op een nieuwe manier waar, met zijn ademhaling als belangrijk instrument. Hier leert hij zijn ademhalingsoefeningen.

Boodschap voor de lezer

Wees gerust lezer. Spiritualiteit. Yoga. Dualiteit. Ashrams. Vraag je jezelf nu af: ik wilde een boek lezen over kou en wetenschap, wat is dit nu allemaal? Schrik niet, in de volgende hoofdstukken komt dit allemaal uitgebreid aan bod. Maar juist omdat de wetenschap zijn methode omarmd heeft, is het goed om te beseffen waar de kennis vandaan komt. Jij hoeft straks echt niet naar India om in een onmogelijke yogahouding op een koude berg te gaan zitten.

Voor we verder gaan met de kou, eerst nog het droevige verhaal van zijn vrouw Olaya.

Olaya

Nadat Hof voor de tweede keer naar India was gereisd, gaat hij terug naar Amsterdam. Hij mist Olaya, en ze ontmoeten elkaar opnieuw in de hoofdstad. De liefde is er na twee jaar nog steeds. Ze trouwen en krijgen een zoon, Enahm (1983). De trotse ouders huren een woning en er komen twee dochters bij: Isabelle (1985) en Laura (1986).

Olaya kan uiteindelijk toch maar moeilijk aarden in het koude Nederland en het kwintet emigreert naar de warme kant van de Pyreneeën. Hof vindt werk – hij geeft Engelse les – en ze huren een boerderij net buiten Estella. Het stel droomt van een centrum voor creatievelingen: een plek waar je je kunt bekwamen in yoga, filosofie of schilderen. En een plek waar je uren kunt wandelen.

Hof is gelukkig, maar blijft onrustig en wil uitdagingen. In zijn zoektocht daarnaar doet hij veel aan bergbeklimmen. Op een dag beklimt Hof ook een steile, gevaarlijke rots, slechts voorzien van een henneptouw, een hamertje en wat klimspijkers. Olaya is woedend dat Hof zijn leven op het spel zet met dat klimmen, terwijl ze drie kinderen hebben. Hof heeft een onbeheersbare drang om te klimmen, maar hij voelt ook verbondenheid met zijn vrouw en kinderen.

Daarom besluit Hof om te stoppen met klimmen. Om zijn klimdrang te beteugelen ontwikkelt hij een ademhalingstechniek, waarbij hij meer dan zes minuten onder water kan blijven. Iedere ochtend gaat Hof naar het nabijgelegen meer om te mediteren en onder water te oefenen.

Maar de spanning tussen Hof en zijn vrouw blijft. Op een dag verdwijnt ze, om pas maanden later weer terug te komen. Olaya lijdt aan driftaanvallen en depressies en uit haar ongeluk door met regelmaat te dreigen met zelfmoord. Toch wil ze zich niet laten behandelen. De vijf gaan terug naar Amsterdam, omdat de afgelegen boerderij niet langer veilig voelt.

Terug in Amsterdam wordt hun jongste zoon Michael geboren (1988). Kort na de geboorte vertrekt Olaya opnieuw, zonder iets te zeggen. Haar depressies vallen haar zwaar, en ook voor Hof is het een moeilijke tijd.

Af en toe is er contact met Olaya, maar je weet vooraf nooit hoe haar stemming zal zijn. Soms is ze drie, vier maanden bij haar gezin, dan gaat ze weer drie, vier maanden naar haar ouderlijk huis. In de zomers werkt Wim als groepsleider van klimexcursies, en met zijn zessen logeren ze met regelmaat bij de ouders van Olaya in Pamplona.

De relatie tussen Hof en Olaya's Spaanse familie en kennissen is goed, Hof leert de cultuur kennen en spreekt ook al Baskisch. Hij doet zijn best als vader en als schoonzoon, maar heeft ook momenten nodig om zichzelf in stilte uit te dagen, weg van de dagelijkse routine. Dat Olaya soms vreemd voor zich uitstaart ziet Hof wel, maar hij reageert er niet echt op. En ze weigert nog steeds zich te laten behandelen voor haar steeds erger wordende depressies. Soms slaat ze iemand hard in het gezicht, zonder reden. Ze houdt van haar kinderen, maar laat weten dat ze wil scheiden van Hof. Is het 'slechts' een schreeuw om aandacht? Hof voelt zich machteloos, en om zichzelf niet te verliezen gaat hij weer klimmen.

Op een dag, als Hof alleen in de bergen is, springt Olaya in Pamplona van de achtste verdieping naar beneden.

Olaya is dood. Enahm, Isabelle, Laura en Michael verliezen hun moeder en Hof verliest zijn vrouw. Hof voelt zich schuldig, de kinderen zijn ontredderd.

Hof wisselt trouwe zorg voor zijn kinderen af met periodes om op te laden in de natuur. Hij wordt in die jaren een bekende verschijning in het Vondelpark. Met touwen en zekeringen laat hij jonge kinderen tot in de hoogste bomen klimmen. De kinderen leren dat ze meer kunnen dan ze dachten, en Hof geniet van de natuur, ook midden in de stad Amsterdam.

Later hertrouwt Wim nog eenmaal en hij krijgt nog een zoon.

Innerfire

De kinderen worden ouder en Hof zoekt nieuwe uitdagingen. Zijn ademhalingstechnieken, yoga en koudetraining geven hem een enorme kracht. En die laat hij zien. De media krijgen hem in de smiezen. Aangemoedigd door de aandacht en het effect op andere mensen breekt hij record na record. Hij neemt het langste ijsbad. Hij beklimt besneeuwde bergtoppen, in korte broek. Hij loopt een marathon in Lapland bij min 30 °C. Hij zwemt honderden meters onder het ijs.

Deze records geven hem een geuzennaam: *The Iceman.*

Zijn records halen de televisie van Japan, Duitsland, Polen, Spanje en nog veel meer landen. De BBC maakt een documentaire over Hof, en op internet zijn er miljoenen mensen die zijn kunsten bekijken.

Hof geniet van de aandacht en van de mogelijkheden van zijn lichaam.

Maar er begint iets te knagen. Misschien omdat hij ouder wordt. Of vanwege zijn vijf kinderen. Of nog als verwerking van de zelfmoord van Olaya.

Hij krijgt behoefte om zijn kennis en mogelijkheden met meer mensen te delen. Kunnen andere mensen wat hij kan? In 2007 wordt Hof door het gerenommeerde Feinstein Institute in New York onderzocht. De resultaten tonen aan dat Hof zijn autonome zenuwstelsel lijkt te kunnen beïnvloeden. Hof vindt dat logisch – dat heeft hij jaren getraind. De onderzoekers denken met een medisch wonder te maken te hebben.

Vanaf dat moment stelt Hof zich beschikbaar voor de wetenschap. Met als voornaamste doel anderen te laten zien dat zij ook kunnen wat hij kan. Een bijzondere periode is aangebroken. Hof krijgt steeds meer aandacht en mensen die met zijn methode gaan werken zijn laaiend enthousiast.

De oudste zoon van Hof – Enahm – richt in 2010 het bedrijf Innerfire op. De combinatie van ademhalingsoefeningen en koudetrainingen blijken keer op keer veel bij mensen teweeg te brengen. Ze organiseren daarom workshops en reizen en er komt steeds meer wetenschappelijke onderbouwing. Ook zijn er in Nederland steeds meer mensen die opgeleid worden tot trainers in de WHM, zodat straks op veel plekken in Nederland onder begeleiding met de methodiek kan worden gewerkt.

Inmiddels werken ook Hofs dochter Isabelle en zijn zoon Michael bij Innerfire.

Steeds meer mensen gebruiken zijn technieken: cabaretier Theo Maassen, voormalig minister van Financiën Gerrit Zalm, sporters, mensen met reuma, mensen met de ziekte van Crohn, psychiaters, cardiologen en internisten. Maar ook bedrijven vragen Hof om met honderden managers tegelijk in ijsbaden te gaan zitten. Tegelijkertijd duiken ook steeds meer wetenschappers op de methodiek: het Radboud UMC, het AMC, en universiteiten in Boston en New York.

Waarom is dat?

Wat is het geheim van zijn methode?

Dat gaan we uitleggen.

Nu eerst: koudetraining.

Koudetraining

'Van de kou kun je niets leren.
Maar de kou kan je wel iets afleren.'
Wim Hof

We zijn verslaafd aan temperaturen zo rond de 20-21 °C. 's Zomers zetten we in de auto de airco aan en in de winter staat de verwarming op ongeveer 20 °C. Bedrijven en winkels doen vrolijk mee, dus brengen we relatief veel tijd door in dezelfde temperatuur. Dubbel glas, isolatie en beton dragen allemaal eraan bij om de temperatuur naar onze hand te zetten. Om het voor het lichaam nog gemakkelijker te maken, hebben we in de winter jassen, sjaals, mutsen, handschoenen en dikke sokken aan. Dat voelt comfortabel en aangenaam.

We zijn eraan gewend.

Toch is dat zonde, vinden wij. In de winter kunnen we juist gebruikmaken van de kou – we moeten ons er juist niet permanent tegen wapenen. Want blootstelling aan kou heeft een gunstig effect op onze gezondheid en op onze stemming. In sommige delen van de Scandinavische landen, Rusland en China is wakzwemmen populair. Liefhebbers zagen een gat in het ijs en dompelen zich onder in water dat maar net boven het vriespunt ligt.

Er worden veel voordelen toegeschreven aan kou. Het zou goed zijn:

- Voor de doorbloeding
- Voor je hart
- Voor glanzend haar
- Voor een strakke huid
- Voor een dosis energie
- Voor je stemming
- Tegen ontstekingen
- Voor je zelfvertrouwen

Maar wat gebeurt er als je het koud krijgt? En klopt het inderdaad dat blootstelling aan kou zo veel voordelen heeft?

Je lichaam heeft 125.000 km aan bloedvaten. Leg je die achter elkaar, dan kun je drie keer de wereld rond. Die bloedvaten zorgen er samen voor dat biljoenen cellen in je lichaam voortdurend voedsel en zuurstof krijgen. Je kunt je voorstellen dat als de bloedvaten hun werk goed doen, je hele lichaam beter functioneert, omdat het meer zuurstof en voeding krijgt. Je brein werkt beter en datzelfde geldt ook voor je spieren, darmen, hart, lever, et cetera.

Wat weten we nog meer van bloedvaten?

In de dikke slagaders kun je je hartslag voelen kloppen. De aorta▸ is een van de bekendste slagaders. Deze verbindt je hart met de andere slagaders. De kransslagaders zorgen ervoor dat je hart zelf ook bloed krijgt. Je hoofd en hersenen krijgen het bloed via de hoofdslagaders. Bloedvaten vertakken en brengen zo bloed door je lichaam. Kleinere bloedvaten worden haarvaatjes genoemd, omdat ze zo dun zijn. Door de dunne wanden kunnen zuurstof en voedingsstoffen uit de haarvaten▸ naar je weefselcellen sijpelen. Aderen brengen zuurstofarm bloed weer terug naar het hart. Vanuit de darmen gaat het bloed via de poortader eerst nog naar de lever, waar het zoveel mogelijk gezuiverd wordt van schadelijke stoffen.

Dat gigantische web van slagaderen en bloedvaten is een belangrijke schakel bij veel functies van je lichaam. Als je bloedvaten openstaan en hun werk goed doen, dan heeft je hele lichaam daar profijt van.

Goed. Wat heeft dit te maken met kou?

Door blootstelling aan kou, bijvoorbeeld door in een koud meer te stappen, sluit je lichaam automatisch de bloedstroom naar de minder vitale lichaamsdelen. Dat is nodig, omdat je niet kouder mag worden dan 35 °C. En het is belangrijker dat je hart goed blijft pompen, dan dat je kleine teen voldoende doorbloeding heeft. Dus je lichaam is zo slim om je hart, en andere vitale delen, voorrang te geven: armen en benen krijgen minder bloed, daar vernauwen de vaten. Zo hebben de vitale lichaamsdelen – hart, lever, longen en nieren – wél voldoende doorbloeding. Armen en benen beginnen te tintelen en het kan ook branderig aanvoelen. Als na deze blootstelling aan kou het lichaam weer warm wordt, dan gaan de vaten weer open en komt de doorbloeding op gang.

Door blootstelling aan kou train je je bloedvaten, door ze krachtig te laten sluiten en daarna weer te laten openen. Vergelijk het met het trainen van je spieren. Zwakke armspieren train je door bijvoorbeeld jezelf op te drukken. In het begin heb je spierpijn en verslappen je spieren. Maar na het herstel worden je armen er sterker van. En zo is het ook met de bloedvaten. En zoals je profijt hebt van sterke armen, ook op momenten dat je je niet opdrukt, zo heb je ook profijt van openstaande bloedvaten, zonder dat je de kou ingaat. Maar je traint het wel, juist door de kou.

Mensen die regelmatig trainen met kou ervaren bijna zonder uitzondering dat ze het minder koud hebben. En wat we steeds terughoren is de energie-'boost' die kou geeft en de invloed die het heeft op de stemming. Maar behalve dat kou voordelen kan hebben, is het natuurlijk ook een gevaarlijke kracht. Je kunt ver gaan als je het rustig opbouwt, maar ga je te snel, dan is het gevaarlijk.

Vriesschade

Ga je zonder training te lang in extreme kou, dan krijg je vriesschade. Als je centrale lichaamstemperatuur onder de 35 °C duikt, bereikt de kou je botten en kan er weefsel afsterven. Dat zie je bij mensen met bevroren vingers en tenen tijdens beklimmingen van bijvoorbeeld de Himalaya. Eerst worden vingers of tenen wit, dat gaat nog samen met een brandend of prikkelend gevoel. Maar na een tijdje is het lichaamsdeel compleet gevoelloos en dan wordt het gevaarlijk. Blijft de onderkoeling onbehandeld, dan wordt de huid na een paar uur donker tot zelfs zwart. Het ziet eruit alsof het verbrand is.

Uiteraard heeft onderkoeling niet alleen impact op tenen en vingers, ook je normale stofwisseling komt in gevaar: je hartslag en bloeddruk zijn lager en je ademhaling vertraagt. Uiteindelijk leidt dat tot verlies van bewustzijn en na een uur is dat dodelijk. In ijswater gaat dat bij ongetrainde mensen nog sneller en is de kou al na een half uur dodelijk.

Hof kan echter wel anderhalf uur in een bak met ijs zitten. En zijn lichaamstemperatuur blijft constant op 37 °C. Ook zijn hartslag en bloeddruk blijven normaal.

Hoe is dat fysiek mogelijk?

Uit onderzoek van Hopman et al. (2010) blijkt dat het metabolisme van Hof tijdens blootstelling aan ijs met 300 procent stijgt. Deze stijging verhoogt de warmteproductie in zijn lichaam. Hopman zegt dat Hof zijn kachel wel drie keer zo hoog kan opstoken. Normaal ga je rillen en bibberen om warm te blijven, ook dat doet Hof niet. Dat Hof warm blijft, komt omdat hij zelf zijn autonoom zenuwstelsel kan aansturen door bepaalde ademhalingsoefeningen te doen, kort voor hij de kou trotseert.

En Hof heeft door zijn training veel bruin vet, waardoor hij makkelijker warm blijft.

Je hebt twee soorten vetten:

- Wit vet
- Bruin vet

Wit vet is er vooral voor de opslag van energie in de vorm van vet. Het is een reserve van voedingsmiddelen. Onderhuids is het een isolatie van je lichaam en beschermt het je organen, ook zorgt het ervoor dat je organen op hun plek blijven.

De belangrijkste functie van bruin vet is het opwarmen van je lichaam door het verbranden van vetzuren en glucose.

Een van de gevolgen van zijn jarenlange training is dat Hof veel bruin vet heeft. Bruin vet is een soort vetweefsel dat direct energie vrij kan geven en dat leidt tot productie van warmte. Pasgeboren baby's hebben daarom relatief veel bruin vet, zodat ze snel warm kunnen worden als ze in een koude omgeving zijn. Na negen maanden is er van het bruine vet nog weinig over, en ieder jaar neemt dat verder af (door kleren en dekentjes?). In westerse samenlevingen hebben volwassenen nog nauwelijks bruin vet.

Maar het blijkt dat bruin vetweefsel door kou kan worden geactiveerd (van Marken-Lichtenbeld et al. 2011). Bij 18 °C wordt dat al actief. Bij die temperatuur worden vetzuren ingezet om het lichaam op temperatuur te houden. En hoe lager de temperatuur, hoe meer bruin vetweefsel geactiveerd wordt. In een kamer van 11 °C produceert Hof dankzij zijn bruine vet gemiddeld 35 procent meer lichaamswarmte dan bij een normale kamertemperatuur. De verhoging van zijn lichaamswarmte loopt tot maximaal 50 procent, terwijl jongvolwassenen bij dezelfde temperatuur tot (slechts) 20 procent meer lichaamswarmte komen.

Dus mensen met overgewicht (dat is altijd wit vet) die in de kou trainen, leren hun lichaam om het witte vet, via bruin vet, in te zetten als brandstof.

De voordelen van koudetraining zit hem niet alleen in bloedvaten en bruin vet, ook voor de aanmaak van witte bloedcellen is het voordelig.

Wat zijn witte bloedcellen?

Je hebt vijf tot zes liter bloed dat door je lichaam stroomt. Bloed bestaat voor 55 procent uit plasma en voor 45 procent uit bloedcellen. *Plasma* bestaat voornamelijk uit water met mineralen, koolhydraten, vitaminen, vetten, hormonen en meer dan honderd verschillende eiwitten.

Er zijn drie soorten bloedcellen: bloedplaatjes▸ (trombocyten), rode bloedcellen▸ (erytrocyten) en witte bloedcellen▸ (leukocyten). De bloedplaatjes helpen bij genezing van wonden door ervoor te zorgen dat het bloeden stopt en er een korst ontstaat. Rode bloedcellen nemen zuurstof op in de longen en vervoeren deze naar de organen. De cellen bevatten hemoglobine▸, deze stof geeft bloed zijn rode kleur en bindt met zuurstof. Witte bloedcellen zijn een verzamelnaam voor verschillende cellen. Deze cellen zijn groter dan rode bloedcellen en je hebt er minder van. Witte bloedlichaampjes – zoals ze ook wel worden genoemd – verdedigen het lichaam tegen infecties met lichaamsvreemde stoffen en indringers zoals bacteriën, virussen, parasieten, schimmels en gisten. Bij een infectie hebben we ook meer witte bloedcellen, het lichaam maakt ze als reactie daarop aan.

En nu wordt het interessant, want mensen die dagelijks een koude douche nemen, hebben óók meer witte bloedcellen. Dat blijkt uit een onderzoek door een trombose-onderzoeksinstituut (documentatiecentrum, 1994). De onderzoekers verklaren de toename van witte bloedcellen door de activatie van het immuunsysteem. Deze activatie leidt tot vrijlating van meer witte bloedcellen.

Een groot voordeel van de kennis over bruin vet, wit vet, rode bloedcellen en witte bloedcellen is dat je (een beetje) weet wat er op fysiologisch gebied gebeurt. Dat kan een stimulans zijn om te oefenen met kou. Afvallen, schimmels, virussen, openstaande bloedvaten. Trainen met kou kan nogal wat invloed hebben op veel klachten. Wat gebeurt er precies? Maar ook zonder deze kennis merk je dat er iets gebeurt als je koud gaat douchen, of in koude ijsbaden stapt.

Op 1 januari 2015 begonnen meer dan 3000 mensen met koud douchen, omdat ze meededen aan de Cool Challenge. Deze challenge was een idee van onder andere dr. Geert Buijze van het AMC om de effecten van koud douchen te onderzoeken. Hof ervaart duidelijk effecten met de extreme kou in combinatie met ademhalingsoefeningen, maar Buijze was nieuwsgierig of enkel koud douchen al iets doet. En het was opmerkelijk hoeveel mensen al na drie of vier keer gewend waren aan de kou en voordelen begonnen te merken. Veel mensen merkten dat hun huid na de koude douche snel rood wordt: een teken dat de doorbloeding goed is. Kijk voor meer ervaringen en de resultaten van het onderzoek op www.coolchallenge.nl.

Portret van Jack Egberts die met de WHM ging werken.

• • •

Jack Egberts (1971)

Jack Egberts is advocaat in Leeuwarden. Hij is al een tijdje moe en futloos. Dat herkent Egberts niet bij zichzelf, de Fries is juist altijd energiek en bezig. Wat blijkt: hij heeft de ziekte van Lyme. De artsen die deze ziekte constateren, kunnen niet veel doen. Maar Egberts laat het er niet bij zitten en zoekt op internet naar alternatieven. Via het zoekwoord 'meer energie' komt hij bij Wim Hof terecht. De advocaat is direct nieuwsgierig en wil meer weten.

Egberts heeft een groot en succesvol advocatenkantoor. Hij doet dingen nooit half. Dus als hij Wim op het spoor komt meldt hij zich niet aan voor één dag, maar direct voor een hele week. De gunstige effecten van de koudetraining zijn enorm. Na een weekje Hoffen – zoals hij het noemt – heeft hij nauwelijks nog last van Lyme. Sterker nog, de Fries heeft meer energie dan voor zijn Lyme. Alles verandert. Zijn energie. Zijn eetgewoontes. Alle symptomen van Lyme zijn weg.

In het begin heeft Egberts nog veel reserves. Dit is te mooi om waar te zijn. Hij blijft een nuchtere Fries en een belezen advocaat: ratio overheerst. Toch kan hij al vrij snel zijn resultaten niet alleen bij zichzelf houden. Ook zijn moeder haalt hij over om koud te gaan douchen. Zij slikt dan al jaren medicijnen tegen een hoge bloeddruk. Als Egberts het vertelt krijgt hij een tevreden grijns: na één maand koud douchen heeft ze nergens meer last van. Ze hoeft geen medicijnen meer te slikken, niks.

• • •

Portretten als deze komen in dit boek met regelmaat terug. Uiteraard is het enkel ter informatie en inspiratie. Het is géén aanmoediging om – zonder overleg met je arts – te stoppen met medicatie of om op eigen houtje te stoppen met een behandeling.

Wil jij weten wat het jou brengt?

Hieronder vind je een paar oefeningen om zelf te doen.

Doe zelf: koud douchen

Douche warm, zoals je dat altijd doet. Begin dan – met de warme douche nog aan – ademhalingsoefeningen te doen. Adem in en verleng je uitademing. Diep in, en uitademing goed verlengen. Herhaal dit ongeveer een minuut, tussen de zes en tien ademhalingen. Zet de douche dan koud. Natuurlijk ga je sneller ademen en schrik je van de kou. De kunst is: ga weer rustig ademen. Controleer je ademhaling, onder de koude douche. Het moment dat je merkt dat je jouw ademhaling onder controle hebt, voelt de kou ook anders aan. Als je moeite hebt om de douche in één keer op koud te zetten, dan kun je hem gerust in twee of drie stappen koud zetten. Ook kun je beginnen met je voeten onder de koude straal te houden, dan je handen en je armen en zo verder op te bouwen tot je met je hele lijf onder de koude douche staat.

- Houd de koude douche vervolgens een minuut vol.

Lukt het niet om te ontspannen met een ademhalingsoefening, probeer een andere truc: wrijven. Je kunt de koude douchestraat 'begeleiden' met je handen. Masseer en wrijf over je armen en benen als het koude water eroverheen gaat. Het kan goed zijn dat de kou dan minder koud aanvoelt.

Doe zelf: een teiltje met ijskoud water

Pak een bak met koud water. Dat kan gewoon een teiltje zijn. Doe er ijs bij, bijvoorbeeld uit wat plastic bakjes die je gevuld met water in de vriezer legt. Zet je handen in het koude water. Eerst begint het pijnlijk te prikken, omdat je aderen zich sluiten. Maar de pijn verdwijnt snel en als je merkt je dat je handen warm worden, dan kun je stoppen. Het klinkt gek dat je handen warm worden in ijskoud water, maar dat kan echt, omdat je lichaam de 'thermostaat omhoog draait'. Zijn je handen na twee minuten nog niet warm, dan kun je ook stoppen.

Hoe kunnen je handen warm worden, terwijl ze in ijskoud water zijn?

Wim noemt dat 'collateraal smeer'. Dat is een hormoon dat de aderwanden elastisch en sterk maakt. Bij onderdompeling in erg koud water komen ook nog versterkende hormonen en een antivrieshormoon vrij. Deze hormonen zorgen automatisch dat het vasculaire systeem in orde blijft. Een natuurlijk APK'tje.

Koud douchen en het teiltje met ijsklontjes zijn uitstekende oefeningen om mee te beginnen. We raden je aan om dat een maand uit te proberen. Na die maand kun je verder gaan met je koudetraining. 's Winters kun je zwemmen in natuurwater. Het is toch mooi als mensen over een paar jaar in de winter massaal in de Amsterdamse grachten zwemmen? Ik werd tijdens het schrijven van dit boek zo enthousiast over koudetraining dat ik in december bij lichte vorst ging zwemmen in de Admiralengracht, in Amsterdam. Na een aantal keren kreeg ik steeds meer reacties. De helft van de mensen was nieuwsgierig en er ontstonden mooie gesprekken over kou, gezondheid en ziektes. Anderen dachten echter dat ik een geesteszieke man was die tegen zichzelf in bescherming genomen moest worden. Zo werd ook de politie gebeld en moest ik ophelderen waarom ik in de gracht zwom. Na uitleg over het schrijven van dit boek en koudetraining mocht ik naar huis, om op te warmen. Het geeft aan hoe nieuw en ongewoon het nog is. Zwemmen in de gracht, dat vonden veel van mijn vrienden überhaupt vies en idioot. Ik dacht dat het wel mee zou vallen, omdat ook prinses Máxima in de grachten had gezwommen bij een zwemevenement – de Amsterdam City Swim –, om geld in te zamelen voor onderzoek naar onderbelichte ziektes, in 2014 was dat ALS. Als ze zelfs de koningin (toen nog prinses) in de gracht lieten zwemmen, dan was het gevaar vast niet zo groot.

Maar goed. Voordat je zelf een wak in het ijs gaat zagen en de kou opzoekt, begin met koud douchen én de ademhalingsoefeningen.

Samenvatting

- Blootstelling aan kou zorgt voor betere doorbloeding
- Blootstelling aan kou activeert bruin vetweefsel
- Blootstelling aan kou activeert de aanmaak van witte bloedcellen
- Om zelf te doen: koud douchen
- Om zelf te doen: handen en voeten in teiltje ijswater

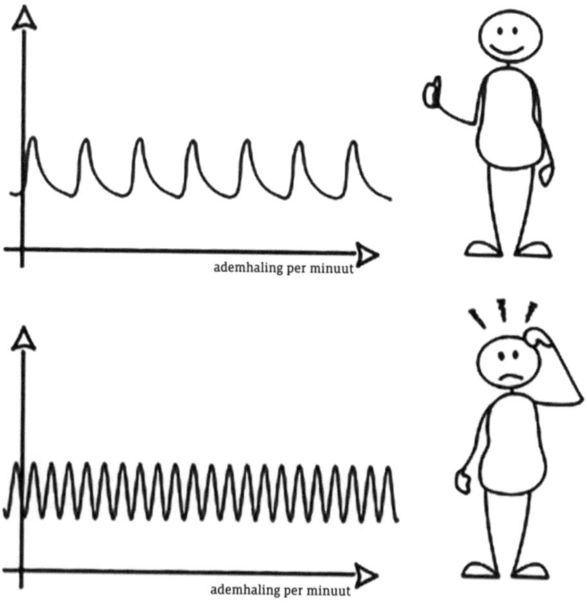
ademhaling per minuut
ademhaling per minuut

Ademhaling

'Het is geen hocus pocus, het is fysiologie.'
Wim Hof

Het hoofdstuk over kou begonnen we met de stelling dat je vermoedelijk een voorkeur hebt voor 20 of 21 °C. En we beschreven dat juist kou een positief effect heeft op je stemming en je gezondheid. Ook met je ademhaling is de kans groot dat je jezelf een patroon hebt aangeleerd, maar dat het ook beter kan.

Veel mensen ademen 13, 15, 17, 20 tot wel meer dan 22 keer per minuut. Ook als ze rustig op een stoel zitten en een boek lezen. Een ademfrequentie▸ in rust tussen 6 en 10 per minuut is genoeg. Is het erg als je vaker ademhaalt?

Er worden veel voordelen toegeschreven aan ademhalingsoefeningen. Het zou goed zijn:

- Voor de ontspanning
- Voor meer energie
- Voor betere slaap
- Tegen hoofdpijn
- Voor duursporters
- Tegen rug- en nekklachten
- Tegen darmklachten

Voor we verdergaan om meer te vertellen over de fysiologie van de ademhaling, is het leerzaam eerst even te kijken hoe je op dit moment ademt.

Doe zelf: tel je ademfrequentie

Tel hoe vaak je nu ademt, per minuut. Een ademhaling begint bij het begin van de inademing en eindigt na je uitademing, tot vlak voor je opnieuw gaat inademen. Tel hoe vaak je ademt in zestig seconden en je weet je ademfrequentie op dit moment.

Door je ademfrequentie te tellen ga je vermoedelijk al anders ademen, simpelweg omdat je op je ademhaling gaat letten. Dus helemaal waarheidsgetrouw ten opzichte van voor je begon te tellen is het niet, maar het geeft wel een indicatie.

Adem je sneller dan 10 keer per minuut, dan zit er een paraatheid of gejaagdheid in je lijf, die niet past bij rustig zitten. Je kunt stellen dat als je op een stoel zit en je ademt – bijvoorbeeld – 18 keer per minuut, dat een deel van je lichaam doet alsof je door een park rent. En dat houd je natuurlijk niet de hele dag, laat staan weken achter elkaar, vol. Vermoeide mensen kijken vaak met bewondering en verbazing naar de wielrenners van de Tour de France. Drie weken lang iedere dag meer dan 150 kilometer fietsen, dat is zwaar. Toch leveren mensen met vermoeidheid en een hoge ademfrequentie een prestatie die even zwaar is. Een wielrenner die gaat rusten, ademt nog maar zes keer per minuut en heeft dan een hartslag van onder de veertig. Mensen met vermoeidheid ademen de hele dag te snel en hebben meestal een rusthartslag van ruim boven de 70.

Wordt een snelle ademhaling de norm, dan krijg je klachten.

Over de voordelen van rustig ademen heb ik eerder een boek geschreven samen met psychiater Bram Bakker: *Verademing*. In dat boek staat beschreven dat een ontregelde ademhaling leidt tot klachten. Met een ontregelde ademhaling bedoel ik een te snelle ademhaling, maar het kan ook zijn dat je juist dieper ademt dan nodig is.

Aandacht voor ademhaling groeit. Steeds meer huisartsen en psychologen raden ademhalingsoefeningen aan ter ontspanning. Yoga, meditatie en mindfulness winnen aan populariteit. En er is steeds meer wetenschappelijk bewijs voor de effecten van ademhalingsoefeningen of meditatie. De wetenschap slaat een brug tussen eeuwenoude meditatietechnieken en de veel jongere westerse geneeskunde.

Ademhalingstechnieken: Buteyko en Van der Poel

Behalve verschillende meditatietechnieken zijn er ook veel soorten ademhalingstechnieken. In Nederland zijn de technieken van Buteyko▸ en Van der Poel erg populair. Konstantin Buteyko was een Oekraïense arts (1923-2003) die medicijnen studeerde in Moskou. Het effect van ademhalingsoefeningen op de gezondheid ontdekte hij op 7 oktober 1952. Hij moest een diagnose stellen bij een patiënt die zwaar ademde en soms met open mond naar lucht hapte. Buteyko dacht te maken te hebben met een benauwde astmapatiënt, maar tot zijn verrassing was het een patiënt met hoge bloeddruk, zonder een spoor van astma. Omdat de Oekraïense arts zelf ook een hoge bloeddruk had, zette dit hem aan het denken. Hij ademde zelf ook diep en zwaar. De arts ging naar zijn kantoor en probeerde zijn ademhaling zo rustig mogelijk te krijgen. Tot zijn verrassing merkte hij dat zijn bloeddruk omlaag ging en dat zijn hoofdpijn wegtrok. Buteyko ging op zoek naar meer verbanden tussen ademhaling en klachten. Het lukte hem, door zelf veel te oefenen, zijn bloeddruk normaal te krijgen, zonder medicijnen. Door deze ervaring ging hij ook met patiënten aan de slag. Hij hielp zijn patiënten rustiger te ademen en hun ademhaling minder diep te maken. Zo merkte hij dat astmapatiënten die rustig bleven ademen een aanval konden stoppen.

Eind jaren vijftig kreeg Buteyko een eigen laboratorium – uitgerust met moderne apparatuur – en kon hij leiding gaan geven aan een team medisch specialisten. De tijd was rijp om met een wetenschappelijke benadering het verband tussen ademhaling, allerlei chemische processen in het lichaam en een aantal ziektes te bestuderen. Zijn onderzoeken toonden aan dat een diepe en snelle ademhaling kan leiden tot verschillende klachten: onder andere hoge bloeddruk, astma, allergie, paniekaanvallen, longemfyseem, hooikoorts, slaapproblemen en hoofdpijn.

Deze kennis sijpelde maar langzaam door tot de geneeskunde. Voormalig longfunctielaborante Stans van der Poel▸ (1955) zet zich ook al jaren in om ademhaling en ademhalingsoefeningen een prominentere plek te geven in de zorg: door rustiger te ademen zakt je hartslag en verbetert de verhouding tussen zuurstof en koolzuurgas in het bloed. Van der Poel is een Nederlandse vrouw en heeft apparatuur ontwikkeld om de ademhaling, ademfrequentie, hartslag en hartslagvariabiliteit te meten. Het voordeel van deze apparatuur is dat je in maat en getal kunt zien of een ademhalingsoefening werkt of niet.

Van der Poel ontdekte dat, aanvullend op de diagnoses die Buteyko in kaart bracht, ook mensen met chronische vermoeidheid, burn-out, fibromyalgie en ME sneller of dieper ademen dan nodig.
Patiënten die met de apparatuur van Van der Poel inzichtelijk kregen dat hun hartslag zakte, raakten gemotiveerd om met de oefeningen aan de slag te gaan. Behalve ademhalingsoefeningen moedigt de voormalig longfunctielaborante mensen ook aan om te gaan sporten. Tijdens het sporten is de ademhaling dan weer een belangrijk kompas om te zien of mensen te intensief sporten. Tijdens een inspanningstest kun je met behulp van de ademhaling ook vaststellen met welke hartslag je kunt sporten om energie te herwinnen. Dat is zeker voor mensen met vermoeidheidsklachten belangrijk om te weten.

Zo zie je dat kennis over ademhaling op verschillende manieren gebruikt en herontdekt wordt. Via onder andere yoga, meditatie, Russische artsen en een Nederlandse longfunctielaborante is er nu apparatuur en zijn er diverse apps. Westerse artsen en steeds meer mensen gaan oefeningen doen. Met Hof als een prominente promotor.

Goed. Waarom wint de ademhaling weer aan populariteit? Om daar meer over te weten, nu eerst: de fysiologie van de ademhaling.

Zuurstof en koolzuurgas

Even opfrissen. Je ademt zuurstof in en koolzuurgas uit. Zuurstof wordt via de longen aangevoerd in je bloed. Overtollig koolzuurgas wordt afgevoerd. De longen hebben een hiërarchische vertakkingsstructuur en bestaan uit twee delen: de linker- en de rechterlong. Via de luchtpijp wordt zuurstof aangevoerd, die via de hoofdbronchus vervoerd wordt naar de bronchioli (kleine luchtwegen). De bronchioli monden uit in longblaasjes. In de longblaasjes vindt contact plaats tussen zuurstof en bloed. Tijdens deze gaswisseling wordt de verhouding zuurstof en koolzuurgas in de long en het bloed gelijk. Dat heet: de wet van de communicerende vaten. De ideale verhouding tussen zuurstof en koolzuurgas is 3:2.

Zuurstof is belangrijk om energie vrij te maken uit voedingstoffen, koolzuurgas is belangrijk om de bloedvaten open te houden. Ten onrechte wordt koolzuurgas vaak gezien als afval, iets wat je lichaam uit moet. Maar openstaande bloedvaten zijn van groot belang, zodat de zuurstof overal in je lichaam kan komen.

Hartslagvariabiliteit

Ademhaling heeft niet alleen een direct verband met de zuurstof- en koolzuurgaswaarden in je bloed, maar ook met de hartslag. Hart en longen zijn onlosmakelijk met

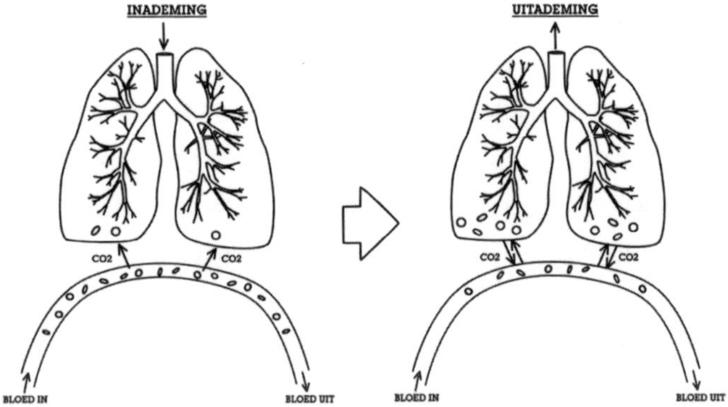

Gaswisseling in de longen

elkaar verbonden. Ga sneller ademen en vrijwel zeker gaat ook je hartslag omhoog. Niet alleen je hartslag, maar ook je hartslagvariabiliteit▸ verandert als je anders gaat ademen. De hartslagvariabiliteit of hartslagcoherentie is de variatie in tijd tussen twee opeenvolgende hartslagen. Iemand met een rusthartslag van zestig slagen per minuut kan tussen twee hartslagen steeds een pauze hebben van ongeveer een seconde. Maar met een rusthartslag van zestig slagen per minuut kun je ook afwisselend een halve seconde en anderhalve seconde pauze tussen twee hartslagen hebben. Dat tweede is aanmerkelijk beter dan het eerste.

In tegenstelling tot wat veel mensen denken is het juist van belang dat je hart niet regelmatig klopt en dat de tijd tussen twee hartslagen varieert. Een gezond hart in een ontspannen lichaam klopt sneller tijdens inademing en vertraagt tijdens de uitademing. In zijn bestseller *Uw brein als medicijn* schrijft psychiater David Servan-Schreiber uitvoerig over het belang van een goede hartslagvariabiliteit. Mensen met depressies, stress, kanker of een naderend levenseinde hebben zonder uitzondering een lage hartslagvariabiliteit. Deze boude uitspraken worden onderbouwd met een hele rits aan wetenschappelijk onderzoek. Servan-Schreiber gaat in zijn boek in op hartslagvariabiliteit in verhouding tot het autonome zenuwstelsel.

In *Uw brein als medicijn* beschrijft Servan-Schreiber verder hoe hij mensen met angststoornissen en depressies niet langer alleen maar helpt met medicijnen, maar ook met oefeningen om de hartslagvariabiliteit te verbeteren. Het wordt ook wel 'complementaire behandeling' genoemd. Hij schrijft:

'De directe weerslag van het verkeer tussen het emotionele brein en het hart is de normale veranderlijkheid van onze hartslag. Doordat de twee systemen van ons autonome zenuwstelsel altijd in evenwicht zijn, zijn ze voortdurend bezig het hart te versnellen of af te remmen. Daarom is de pauze tussen twee opeenvolgende hartslagen nooit gelijk. Die veranderlijkheid is op zich heel gezond, omdat zij aangeeft dat de rem en het gaspedaal goed functioneren, en daarmee ook onze fysiologie.'

Hartslagvariabiliteit, het zenuwstelsel en de ademhaling

De rem en het gaspedaal heten ook wel de parasympathicus en de sympathicus. De sympathicus staat voor alles wat te maken heeft met actie. Als deze domineert in je lichaam, bevindt het zich in de zogenoemde vecht- of vluchtstand, waarbij je ademhaling versnelt, je spijsvertering even stilstaat en het bloed uit je huid wegtrekt naar je spieren, inwendige organen en je brein. Vaak wordt de sympathicus vergeleken met het gaspedaal van een auto.

De parasympathicus staat voor alles wat te maken heeft met herstel: een rustige hartslag, een langzame ademhaling, doorbloeding van de huid en een actieve spijsvertering. De parasympathicus wordt ook wel het rempedaal genoemd.

Interessant is nu dat in het boek *De parasympathicus, in relatie met stress, geestelijke en lichamelijke ziekten* van Pieter Langendijk en Agnes van Enkhuizen uit 1989 (!) de invloed wordt beschreven van de parasympathicus op de gezondheid. In dit boek staan ook beknopte onderzoekgegevens die in opdracht van TNO werden verzameld door professor Gaillard. De strekking van de uitslagen is dat er een direct verband is tussen een verlaagde activiteit van de parasympathicus en lichamelijke klachten. Daarnaast staat vast dat je met ademhalingsoefeningen je parasympathicus kunt activeren. (Overigens: seks is ook een voornamelijk parasympatische activiteit).

In de grafieken op pagina 60 zie je hoe de ademhaling de hartslagvariabiliteit beïnvloedt.

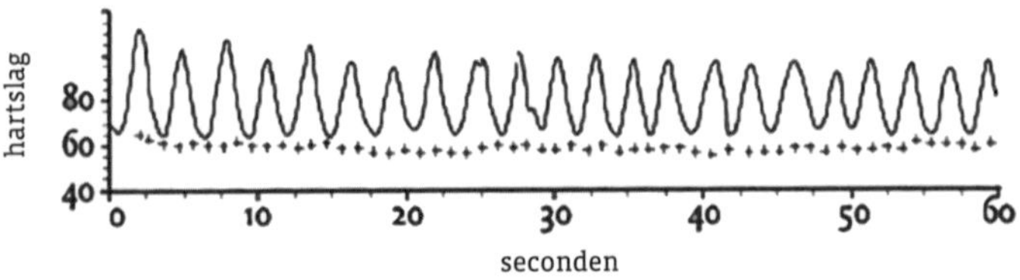

Een te snelle ademhaling

De op- en neergaande lijn is de ademhaling, de lijn loopt omhoog bij inademing en naar beneden bij uitademing. Als de lijn één keer naar boven en naar beneden is geweest, is dat één ademhalingscyclus. De plusjes geven de hartslag aan. In de verticale as staan de hartslagen per minuut. De horizontale as is de tijd in seconden. In deze minuut is de ademfrequentie 22, het voorbeeld is van een vrouw van 42, zittend op een stoel. De hartslag was in deze minuut gemiddeld 61. Haar hartslag is (mooi) laag, haar ademfrequentie is echter hoog. En hoewel haar hartslag laag is, kun je uit haar hartslag toch afleiden dat ze onrustig is. Om dat te demonstreren zie je hieronder de grafiek van deze vrouw, nadat ze een minuut een ademhalingsoefening had gedaan.

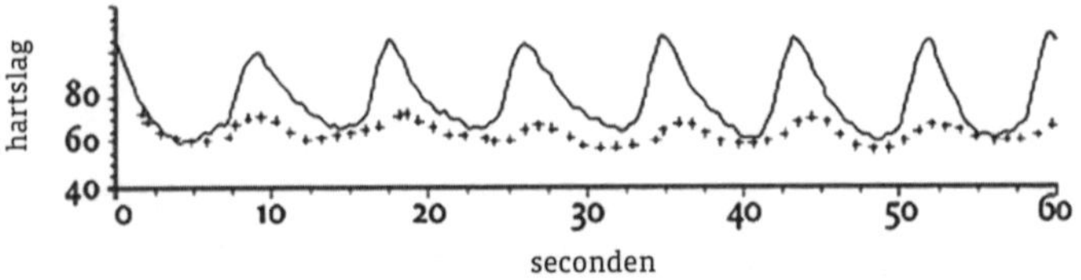

Een rustige ademhaling

Vanzelfsprekend is de ademfrequentie veel lager, doordat ze dat bewust doet. In deze minuut ademt ze geen 22 keer, maar nog slechts zeven keer per minuut. Niet alleen haar ademfrequentie daalt sterk, ook haar hart reageert op deze oefening. In deze minuut is haar gemiddelde hartslag iets hoger: 62, maar de variatie in haar hartslag is aanmerkelijk beter. Zoals je in bovenstaande grafieken goed kunt zien, varieert bij een goed adempatroon de hartslag mee met het adempatroon.

Zoals je ziet, zijn gerichte ademhalingsoefeningen heel geschikt om de hartslagvariabiliteit te verbeteren. Met je hartslagvariabiliteit in beeld kun je objectiveren welke ademhalingsoefening goed werkt. Dat kan bijvoorbeeld met de *Co2ntrol* van Stans van der Poel. Deze apparatuur is voor particulieren echter veel te duur. Daarom is het mooi dat je ook met je hartslag zelf al een eind komt. De goedkoopste hartslagmeters kunnen al soelaas bieden. Ga zitten, doe een hartslagmeter om (als je er geen hebt kun je er vast eentje lenen van een kennis die fanatiek sport) en kijk na twee minuten wat je hartslag is. Doe bewust de ademhalingsoefening uit dit hoofdstuk en kijk wat er gebeurt. Golft je hartslag mee met je ademhaling? Dan gaat het goed.

Ademhaling en klachten

Van alle klachten die verband houden met een ontregelde ademhaling leggen we er hier vijf uit:

1 Pijn in de schouders of nek
2 Gejaagdheid
3 Darmklachten
4 Snelle vermoeidheid
5 Hartkloppingen

Bovengenoemde klachten verhouden zich ieder op een andere manier tot de ademhaling.

1 De hulpademhalingsspieren zitten aangehecht aan je nek en deze spieren zijn bedoeld om een korte periode sneller te kunnen ademen, als dat nodig is. Adem je doorlopend sneller dan nodig is, dan raken deze spieren overbelast. Deze pijn kun je vergelijken met de spierpijn in je benen na het rennen van een grote afstand. Door te rusten, verdwijnt de spierpijn vanzelf. Zo is het ook met de spierpijn in je schouders of nek, door rustiger te ademen verdwijnt de pijn.
2 Het gevoel van gejaagdheid komt doordat de versnelde ademhaling je hormoonhuishouding verstoort. Je produceert te veel adrenaline en dat geeft een onrustig, gejaagd gevoel.

3 De verstoorde verhouding tussen zuurstof en koolzuurgas in je bloed heeft veel invloed op je darmen. Veel mensen met een ontregelde ademhaling hebben een opgeblazen gevoel, boeren vaak of hebben last van winderigheid. Erg vervelend als je er last van hebt, maar op zich niet ernstig.
4 Van snel ademen raak je fysiek uitgeput. Dat komt omdat je doorlopend je energiesnelle glucosevoorraden aanspreekt. Je lichaam heeft (grofweg) twee brandstoffen: vetten en glucose. Door een snelle ademhaling gebruikt je lichaam de glucosevoorraden vaker dan nodig is. Van deze voorraad heb je echter veel minder dan van je zuinige vetten. De ontregelde verbranding leidt ook sneller en vaker tot de behoefte aan zoet en suikers.
5 De grote uitstoot van koolzuurgas zorgt ervoor dat je vaten vernauwen; dat zijn dezelfde vaten die ook door kou weer openen. Deze vaatvernauwing probeert je hart te compenseren door razendsnel bloed je lijf in te pompen. Dat is een slimme reactie van je lichaam, maar veel mensen worden er angstig of benauwd door en krijgen hartkloppingen.

Aan ademhaling en ernstige stress gerelateerde aandoeningen

Behalve deze vijf veelvoorkomende klachten legt psychiater Bram Bakker ook een link tussen een hoge ademfrequentie en psychiatrische stoornissen. Hoe ernstiger een klacht is, hoe moeilijker het is om aan te nemen dat ademhalingsoefeningen een oplossing van de klachten kunnen zijn. Toch is het ook bij serieuze psychiatrische stoornissen zinvol om ademhalingsoefeningen te overwegen.

Te snel ademen is een uiting van stress. Dat betekent dat bij iedere psychische aandoening die stressgerelateerd is, sprake kan zijn van een hoge ademfrequentie. Hoewel bij de meeste psychische problemen stress een rol speelt, wordt er in de praktijk bij stressgerelateerde aandoeningen eerst en vooral aan angststoornissen en depressie gedacht. In de steeds groter wordende groep van mensen met onbegrepen lichamelijke klachten lijkt een te snelle ademhaling overigens ook een factor van belang.

Stress komt in de diagnoses voor bij slechts twee aandoeningen: de acute stressstoornis en de posttraumatische stressstoornis. In beide gevallen mag de diagnose pas gesteld worden als iemand een traumatische ervaring heeft meegemaakt. Het gaat daarbij per definitie om onverwachte en ingrijpende gebeurtenissen die tot zwaar letsel of zelfs de dood hadden kunnen leiden. Dit soort gebeurtenissen kan aanleiding zijn tot stress en psychische problemen en het kan de ademhaling op korte en lange termijn beïnvloeden.

Naast de beide stressstoornissen zijn er nog andere angststoornissen die gepaard gaan met een gejaagde ademhaling. De bekendste angststoornis waarbij ademhaling een belangrijke rol speelt is de paniekstoornis. Een aandoening die vroeger het hyperventilatiesyndroom werd genoemd. De diagnose hyperventilatiesyndroom wordt overigens niet meer gebruikt – er is namelijk geen sprake van een direct causaal verband tussen hyperventilatie en paniekaanvallen. Anders gezegd: hyperventilatie leidt niet *altijd* tot angstaanvallen en bij een paniekaanval wordt niet *altijd* gehyperventileerd. Wat hierbij een belangrijk discussiepunt blijft is de definitie van hyperventilatie. In zeer uitgesproken gevallen maakt het niet uit, maar wat is de betekenis van een licht verhoogde ademfrequentie, bijvoorbeeld in een situatie waarin iemand thuis op de bank zit en twee keer zo snel ademt als strikt gezien noodzakelijk?

Het is bij ons weten niet goed onderzocht, maar we vermoeden dat veel mensen die lijden aan een angststoornis in meer of mindere mate een te hoge ademfrequentie in rust hebben.

Ademhalings- en ontspanningsoefeningen zijn veelvuldig onderzocht als behandeling van angststoornissen en ook doeltreffend bevonden. Door psychologen en psychiaters worden ze echter nauwelijks toegepast. Zo is een techniek als 'applied relaxation' zelfs terug te vinden in de officiële richtlijnen voor de behandeling van de gegeneraliseerde angststoornis - maar pas als cognitieve therapie niet beschikbaar is, of als er een reden is om die behandeling niet toe te passen. Cognitieve therapie werkt bijvoorbeeld alleen voor mensen met een gemiddelde of bovengemiddelde intelligentie, 'applied relaxation' werkt voor iedereen, net als de WHM. Met behulp van 'applied relaxation' kan iemand leren om vroege signalen van paniek te herkennen en deze door middel van ontspanningsoefeningen te beheersen. Eerst leert de patiënt zich in rust te ontspannen. Daarna kan de ontspanning worden verbonden aan een bepaald rustgevend woord. Iets wat vervolgens kan helpen – op het moment dat de paniekSignalen zich voordoen – om de verergering van de spanning tegen te gaan.

De reden dat we dit zijsprongetje maken naar de psychiatrie is omdat we het belang van ademhaling bij veel klachten willen benoemen. En behalve de ademhalingsoefeningen van WHM zijn er meer oefeningen, ook ter ontspanning.

Waarom ademen mensen dan zo snel?

Wat zijn de oorzaken van een ontregelde ademhaling? Rustig ademen zou eigenlijk iets vanzelfsprekends moeten zijn. Je lichaam blijft altijd 36,8 °C, je hart pompt door en met je ogen knipperen gaat ook vanzelf. Ademen gaat ook vanzelf, maar waarom adem je niet vanzelf rustig – als dat beter is? Het lijkt erop dat veel prikkels, piekeren, een vol hoofd en aanhoudende geestelijke druk invloed hebben op je ademhaling.

Ademhaling en de hersenen

De neocortex▸ is het deel van het brein waarmee de mens zich onderscheidt van het dier. Neo betekent nieuw in het Latijn en dit deel van de hersenen is evolutionair gezien dan ook het jongste deel van de hersenen. Amsterdammers noemen dit deel van het brein ook wel het 'snappertje' en dat dekt de lading prima. Want met dit deel van het brein analyseren en rekenen we, bovendien huist hier ons gevoel voor taal. Maar door dat deel van het brein zijn we ook in staat om ons nu al druk te maken over iets wat pas over twee weken staat te gebeuren. Of we ergeren ons nog steeds aan iets wat een tijd geleden gebeurd is.

In het 'zoogdierenbrein' zitten de emoties die we delen met de meeste andere zoogdieren. Dit deel van de hersenen wordt ook wel het 'emotionele brein' genoemd; het limbisch systeem is daar ook een onderdeel van. Voorbeelden van emoties uit het zoogdierenbrein zijn: angst, agressie, liefde en verdriet.

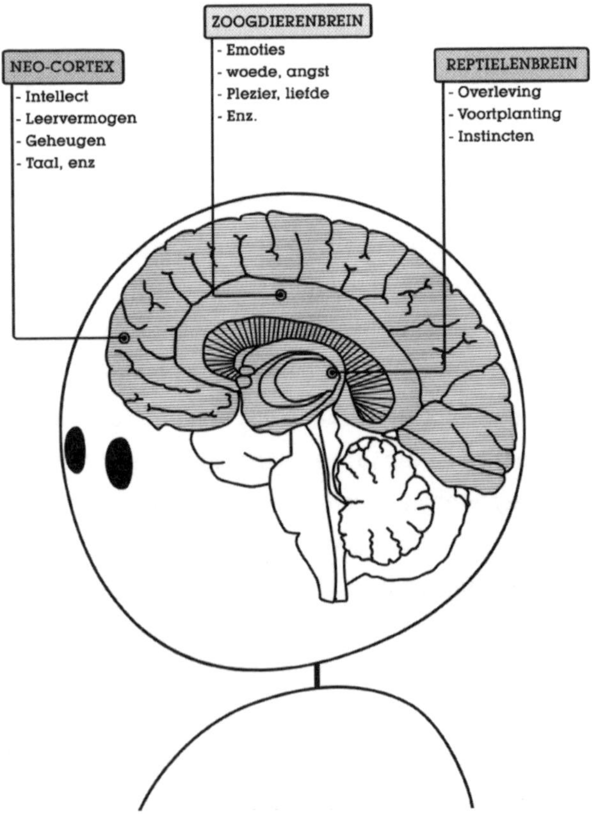

Afbeelding van een menselijk brein

Een laag dieper zit het 'reptielenbrein'. Daar huizen functies die we delen met reptielen. Daardoor blijft ons lichaam op 36,8 °C, ook als we er helemaal niet op letten. Op die plek wordt onze bloeddruk, hartslag en ook onze ademhaling geregeld.

Onze neocortex is ook het filter voor prikkels van buiten. Er is onderzoek waaruit blijkt dat iemand in de middeleeuwen in een heel leven evenveel prikkels te verwerken kreeg als iemand in 2015 op een dag. Daarbij maken we per dag gemiddeld 2800 keuzes. Per dag. Het is dus niet vreemd dat er op een gegeven moment te veel signalen binnenkomen. En die onrust uit zich – onder meer – in een snellere ademhaling.

Een overprikkelde neocortex kan een snelle ademhaling in de hand werken. Maar je kunt je neocortex ook gebruiken om bewust rustiger te ademen.

Ademhalingsoefeningen ter ontspanning

In *Verademing* zijn de oefeningen vooral gericht op ontspanning, om ervoor te zorgen dat de verhouding zuurstof en koolzuurgas weer normaliseert.

Twee oefeningen die daarvoor goed werken:

- Adem in door je neus
  Adem uit door je neus
  Pauze

  Adem in door je neus
  Adem uit door je neus
  Pauze

Je pauzeert niet zo lang mogelijk, maar net zo lang tot je weer behoefte voelt om opnieuw in te ademen.

Als deze oefening niet ontspant kun je uitademen door je mond:

- Adem in door je neus
  Verleng je uitademing wat door je mond
  Pauze

  Adem in door je neus
  Verleng je uitademing wat door je mond
  Pauze

Je kunt je uitademing eenvoudig verlengen door een klein beetje tegendruk te geven met je uitademing, zodat je wangen iets opbollen. Het is goed om de ademhalingsoefeningen waarmee je ontspant twee minuten te doen, voor je aan de slag gaat met de oefeningen van Hof. Die zijn namelijk totaal anders. De ademhalingsoefeningen van Hof dienen een ander doel en hebben méér uitleg nodig.

Ademhalingsoefeningen van de WHM

De ademhalingsoefeningen van Hof zijn niet bedoeld om te ontspannen – althans niet tijdens de oefeningen. Bij de Wim Hof Methode dienen de ademhalingsoefeningen een heel ander doel. Het gaat dan om controle over lichaam en geest, zodat je zelf doordringt tot je autonome zenuwstelsel.

Door zijn ademhalingsoefeningen word je eerst licht in je hoofd. Het is hard werken om er met je aandacht bij te blijven en de oefeningen goed te doen.

Wij hebben het hier de hele tijd over ademhalingsoefeningen, niet over meditatie of yoga. Toch is Wim altijd geïnspireerd geweest door verschillende vormen van yoga en meditatie en ook kung fu. We noemen niet alle verschillende vormen, maar de G Tummo techniek geven we graag een speciale plek omdat bij deze vorm van meditatie kou ook een speciale plek inneemt. Tummo is een vorm van meditatie die uit de Indische Vajrayana-traditie stamt. Vajrayana is een geloof, dat waarschijnlijk is ontstaan rond de vierde eeuw na Christus, met veel invloeden uit de tantrische en hindoeïstische leer. Vajrayana werkt vanaf het niveau van oorzaak en gevolg en heeft als doel om elke ervaring om te zetten in onbevreesde wijsheid, spontane vreugde en daadkrachtige liefde. Dat is een hele mond vol, maar het is voor Hof vooral belangrijk dat er geen geloof is in een hogere macht, zonder dat je zelf ervaart wat waar is. Vajrayana past methoden toe voor totale identificatie met verlichting voor het snelste resultaat. Door volgelingen van deze techniek wordt de techniek beschouwd als belangrijkste schakel naar verlichting van Boeddha's onderricht.

G-tummo-techniek

De meditatietechniek combineert een ademhalingstechniek met visualisatie. Het is een combinatie van diep inademen en langzaam uitademen. Daarbij visualiseren beoefenaars dan vlammen, om de temperatuur omhoog te krijgen. Omdat het gaat om ervaren en niet om geloven, omarmen de volgers van deze techniek ook de wetenschap. In wetenschapsblad *PLOS ONE* schrijven wetenschappers van de Nationale Universiteit van Singapore over hun onderzoek naar nonnen die *g-tummo*-meditatie beoefenden. Ze concludeerden dat de nonnen extra lichaamswarmte opwekten. De vrouwen registreerden een stijging van hun lichaamstemperatuur tot 38,3 °C, bij een omgevingstemperatuur van min 25 °C. Ook konden zij de natte doeken, waarin zij gehuld waren, drogen met hun eigen lichaam.

Hof heeft zelf niet veel met de technieken gewerkt want hij ontdoet alle oefeningen van de oosterse termen - al vanaf het begin ligt zijn inspiratie dichterbij huis: de vijver in het Beatrixpark. Wat hem wel zeer aanspreekt, is de gedachte dat Vajrayana geen geloofsreligie is, maar een ervaringsreligie. Het gaat niet om geloven, maar om ervaren. Iedere uitleg is uiteindelijk door middel van eigen ervaringen te controleren.

Dat Hof weinig heeft met de religieuze of esoterische terminologie wordt bij een sessie met hem snel duidelijk. Hij mag de oefeningen graag samenvatten in twee woorden: *'Breathe, motherfucker!'*

Hof voegt aan de technieken nog iets toe: retentie na uitademing. Deze retentie is een belangrijke sleutel tot de extreme prestaties van Hof.

Zelf doen, de ademhalingsoefening van de WHM:

▶ Adem diep in, en laat gaan
Adem diep in, en laat gaan
Adem diep in, en laat gaan

Doe het op gevoel, kijk wel tempo en ritme bij je past

Herhaal dit in totaal dertig keer.
Adem dan volledig uit, heel diep in, nog een keer ontspannen uit en dan: wachten.

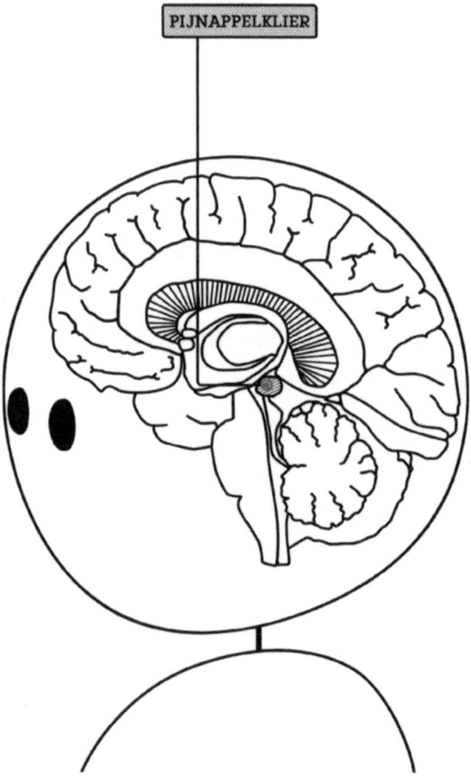

Pijnappelklier

Waarschuwing: doe deze oefening nooit op een plek waarbij flauwvallen gevaarlijk is. Dus niet voor of tijdens duiken, autorijden, zwemmen etc. Doe de oefening de eerste keer onder goede begeleiding.

Je ademt dus diep in en ongeforceerd en langzaam uit. Door niet alles uit te ademen, kom je tot het punt waarbij een residuale hoeveelheid lucht in de longen achterblijft. Na dertig keer zet je de ademhaling vast, je wacht na het uitademen tot je de behoefte voelt om opnieuw in te ademen. Deze ademhalingsoefening doe je net zo lang tot je tintelingen voelt, licht in je hoofd of loom wordt. Door diep in en langzaam uit te ademen stoot je veel koolzuurgas uit: de koolzuurwaarden in je bloed dalen en je vaten vernauwen. Tijdens de pauze na de uitademing houdt je lichaam heel veel koolzuurgas vast en gaat je lichaam compenseren. Dit leidt ertoe dat er meer zuurstof vrijkomt in de mitochondriën. Mitochondriën zijn de energieleveranciers van een cel. Met deze techniek komt er zo meer energie vrij en allerlei opgehoopte afvalstoffen in het lichaam worden opgeruimd. De zuurstof krijgt de ruimte om dieper in de cel te komen. Door retentie na uitademing krijg je parasympatische activatie (met andere woorden: je ontspant). Aerobe dissimilatie▸ vindt dan plaats in de cel. Wij kunnen meer energie in de cel bewerkstelligen, dus bewuster en dieper ademen.

Pijnappelklier

Na deze ademhalingsoefeningen ervaren veel mensen een ander bewustzijn. Deze bewustzijnsverruiming komt waarschijnlijk doordat de mitochondriële activiteit in de breincellen stoffen vrij laten komen in de hypofyse en de pijnappelklier. In de pijnappelklier▸ (epifyse) schuilt een belangrijk deel van onze gemoedstoestand. Het hormoon melatonine▸ wordt hierin bijvoorbeeld geproduceerd, een hormoon dat een belangrijke functie heeft bij ons slaap-, waak- en voortplantingsritme. Onze hypothese: door de ademhalingsoefeningen van de WHM komt er veel meer zuurstof bij de pijnappelklier, waardoor je meer melatonine aanmaakt. Om die reden kunnen de oefeningen ook goed werken bij jetlags, slaapproblemen en depressies.

De pijnappelklier wordt – opmerkelijk genoeg – ook in oosterse filosofieën beschouwd als de zetel van de ziel. En de beroemde Franse filosoof Descartes (1596-1650) beschouwde de pijnappelklier ook als de schakel tussen lichaam en geest – hij werd een van de eerste westerse 'promotors' van de pijnappelklier.

> *'Pijnappelklier?*
> *Fijnappelklier zul je bedoelen.'*
> Wim Hof

Retentiepauze

Om te controleren of je lichaam verandert, kun je meten hoe lang je kunt stoppen met ademen. Houd je adem in en kijk hoe lang je het volhoudt. Herhaal dat ook na de ademhalingsoefeningen van Hof. Je zult merken dat je steeds langer af kunt, zonder te ademen.

Als je retentiepauze (dat is de pauze na je uitademing, voor je opnieuw inademt) langer wordt is dat een goed teken, maar maak er geen wedstrijd van. Het is een middel om te zien of de technieken aanslaan, het moet geen doel op zich worden.

Samenvatting

- Veel mensen ademen sneller en dieper dan nodig is
- Een ontregelde ademhaling houdt verband met klachten
- Ademhalingsoefeningen beïnvloeden de hersenactiviteit
- Er zijn oefeningen om te ontspannen
- De WHM gebruikt ademhaling om bij de pijnappelklier te komen
- Zuurstof zorgt voor het afvoeren van afvalstoffen
- Koolzuurgas zorgt voor het openen van de vaten

Inzet

De koudetraining en de ademhalingsoefeningen zijn twee belangrijke onderdelen van de Wim Hof Methode. Om deze twee onderdelen goed te doen, en vooral ook écht te doen, is een flinke dosis inzet nodig.

Zeker in het begin is het niet eenvoudig om het warme water uit te draaien en twee minuten koud te douchen. Wat zijn twee minuten dan lang. Ook de dagelijkse ademhalingsoefeningen zijn een opgave. Waar haal je de tijd vandaan? En de motivatie?

Wie eenmaal een dag op pad is geweest met Hof zelf heeft motivatie genoeg. Zijn enthousiasme en ervaringen moedigen aan om met de technieken aan de slag te gaan. Dat heeft niets te maken met gedragsveranderende technieken als bijvoorbeeld NLP, het is een overweldigend soort enthousiasme dat uit zijn tenen lijkt te komen.

Om je te motiveren straks koud te douchen en de ademhalingsoefeningen ook echt te gaan proberen, willen we je inzet wat verhogen met een prachtig voorbeeld. Het geeft aan waartoe je lichaam, met een flinke dosis inzet, in staat is.

Marathon in blote bast boven de poolcirkel

Dat inzet en een gecontroleerde geest belangrijker zijn dan fysieke training, bewijst Hof met een extreme uitdaging: een marathon lopen boven de poolcirkel. Zijn zwaarste test tot dan toe.

In 2009 gaat Hof deze extreme uitdaging aan, op vijftigjarige leeftijd. En alsof een marathon lopen bij min 16 °C nog niet genoeg is; hij loopt hem in korte broek en op sandalen, zonder sokken aan. De reden dat Hof dit doet is de behoefte om zijn kennis over zijn lichaam te toetsen. Hij weet dat er veel mogelijk is, maar wil dat niet enkel op intellectueel niveau doorgeven. Hof wil het zelf ervaren. De voorbereiding en de marathon die plaatsvond in Finland is gefilmd door Firecrackerfilms, die veel werken voor de BBC en National Geographic. De documentaire is te zien geweest in het programma *Daredevils*.

Fysieke training of trainen van de inzet?

In de aanloop naar de marathon gebruikt Hof geen trainingsschema. Hij loopt zelfs nauwelijks hard in zijn voorbereiding. Mensen die een marathon lopen bij normale temperaturen hebben trainingsschema's en bouwen hun kilometers langzaam op. Hof niet. Hij traint enkel met de kou en zijn gedachten, zijn inzet.

Hof traint tijdens zijn voorbereiding wel extra met ademhalingsoefeningen en de kou. In de winter zwemt Hof 's nachts in de Amsterdamse grachten. En om in nog extremere condities te trainen gaat hij de koelcel in van een slachthuis. In de cel is het min 25 °C. Hof doet zijn ademhalingstechnieken en het vertrouwen in zijn uitdaging groeit. Hij voelt zich na deze trainingen opgeruimd en krachtig.

Expert op het gebied van overleven in poolgebieden, Glyn David, heeft er een hard hoofd in. Ademhalen is extreem moeilijk en zwaar bij zulke temperaturen. Door hard te lopen moet je al dieper inademen en het is – volgens hem – praktisch onmogelijk om dat uren achter elkaar te doen.

In Finland

Zes dagen voor de marathon gaat Hof naar Finland. Het is koud, zelfs voor daar. Een dag voor de marathon oefent Hof nog een keer met extreme kou. Hij zwemt tientallen meters lang, onder het ijs door. Artsen die hem ter plekke meten snappen er niets van: zijn hartslag, bloeddruk en zuurstofsaturatie▸ zijn na het zwemmen hetzelfde als ervoor.

Hof voelt zich goed en gaat de marathonuitdaging aan.

Tijdens de marathon balanceert Hof continu op een dunne draad. Loopt hij te hard, dan gebruikt hij te veel energie en moet hij te diep inademen, wat met 16 °C onder nul niet kan. Loopt hij echter te zacht, dan wordt hij te lang blootgesteld aan de kou en is er groot gevaar van bevriezingsverschijnselen.

Na twee uur lopen gaat het nog goed. Zijn benen voelen wel zwaar, maar zijn tempo is nog constant. Hij zit dan ongeveer op de helft van de 42.195 meter. Bij dertig kilometer, na iets meer dan drie uur, slaat de vermoeidheid echter toe. Hof is duidelijk moe en heeft het koud. Zijn tweede vrouw – Caroline – rijdt in de auto ervoor, met de filmploeg en een arts. Ze is ongerust, het kan echt gevaarlijk worden. Maar Hof gaat door, ook als hij na 37 kilometer moet wandelen. Na 5 uur en 25 minuten heeft Hof het onmogelijke gedaan: bij extreem koude temperaturen, boven de poolcirkel een marathon gelopen in zijn blote bast. Zonder marathontraining.

Deze extreme inzet lijkt weggelegd voor uitzonderingen, zoals Hof. Maar daar wil hij niets van weten. En om dat te bewijzen gaat Hof, jaren later, met een groep mensen naar de top van de Kilimanjaro.

Om als groep het onmogelijke te doen.

Kilimanjaro

Hof heeft het in zijn hoofd gehaald om met een groep mensen de Kilimanjaro te beklimmen. Dat is een berg in Tanzania en de top is 5895 meter hoog. De berg is geliefd bij bergbeklimmers en wandelaars. Voor goedgetrainde klimmers is deze tocht goed te doen. De tocht duurt dan zes dagen.

Om de uitdaging wat te vergroten, wil Hof daarom de Kilimanjaro in 48 uur beklimmen met een groep van 26 mensen. Hof wil laten zien dat mensen meer kunnen dan ze denken, het is zijn voornaamste drijfveer. Ook bij deze tocht. Het wordt voor onmogelijk gehouden: in 48 uur naar de top, met zo'n grote groep.

En alsof dat nog niet genoeg is: een aantal mensen van de groep lijdt aan ziekten als MS, reuma, de ziekte van Crohn of kanker.

En nog erger: ze hebben geen klimervaring.

De aanloop is chaotisch. Dr. Geert Buijze van het AMC gaat op persoonlijke titel graag mee en wil de groep helpen. Maar de lokale gidsen vinden het geen goed idee en dreigen op het laatste moment af te haken. Maar Hof is overtuigd. Met focus op de ademhaling en de voorbereiding met koudetraining is deze groep in staat om te gaan. Dus ze gaan.

De groep gaat naar Horombo Hut, een verzameling klimmershutten op 3705 meter hoogte. De temperatuur is dan gezakt naar 3 °C. En alsof het nog niet genoeg is om met 26 mensen, van wie een flink aantal ziek is, in 48 uur naar de top van de Kilimanjaro te lopen, stelt Hof voor om in blote bast en in korte broek verder te gaan. Ademhaling en kou, dat is de truc.

Het bonte gezelschap krijgt aanwijzingen mee. Tweetallen houden elkaar in de gaten en ze moeten elkaar vooral scherp houden op de ademhalingsoefeningen. Diep in, langzaam en rustig uit. Om de hoogteziekte te bestrijden, gaan ze ook 's nachts uit bed om de ademhalingsoefeningen te doen.

En tot ieders verbazing (behalve van Hof natuurlijk) zet de groep een uitzonderlijke prestatie neer. 24 van de 26 mensen haalt Uhuru Peak – de top van 5895 meter. Boven is het min 15 °C. Een dergelijk groot percentage dat de top haalt is al bijzonder. Dat de groep geen klimervaring heeft, maakt het extra speciaal, en dat ze binnen 48 uur boven waren, maakt het eigenlijk iets wat moeilijk te bevatten is. De prestatie wordt opgepakt door de media, Hof en Buijze zitten bij *Pauw en Witteman* en diverse kranten besteden er aandacht aan.

Hoe kan dit?

Hof is overtuigd van de kracht van zijn ademhalingsoefeningen. En hoewel de groep geen klimervaring had, waren ze wel getraind in de kou. Toch is ook inzet natuurlijk een belangrijke factor.

De mensen in de groep met een ziekte, onder andere: Anna Chojnacka (MS), Mark Bos (prostaatkanker), Henk van den Bergh (reuma) en Mathijs Storm en Hans Emmink (Crohn) lopen ook naar boven.

Al deze mensen weten natuurlijk wel dat ze ziek zijn, maar ze zien zichzelf niet als patiënt. Dat komt steeds naar voren en blijkt een belangrijk deel van de inzet te zijn. ‘Natuurlijk ben ik ook patiënt,’ vat Mathijs Storm het samen, ‘maar ik ben ook gewoon Mathijs die van alles wil én kan.’

Kilimanjaro 2015

In januari 2015 gaat Hof opnieuw met een groep naar de Kilimanjaro. Doel: binnen 36 uur naar de top. Hof wil wederom aantonen dat mensen tot meer in staat zijn, dan ze denken. De oefeningen van de WHM bleken goed te werken: 15 van de 19 deelnemers slaagden erin de tocht met ontbloot bovenlijf af te leggen.

De groep is niet helemaal doorgelopen naar Uhuru Peak, maar stopte bij ‘top’ Gilman’s Point op 5685 meter. De groep verkoos veiligheid boven ego en op Gilman's point vroeg een van de deelnemers zijn vrouw ten huwelijk.

Neveneffecten van de WHM

De methode van Hof bestaat uit de drie beschreven onderdelen: kou, ademhaling en inzet. Toch houdt het meer in dan dat. Uit de interviews voor dit boek bleek dat mensen niet alleen koudetraining en ademhalingsoefeningen zijn gaan doen, maar dat er meer zaken in hun leven veranderden.

Deelnemers gingen beter slapen, meer sporten of wandelen en merkten dat ze daglicht meer waardeerden. We nemen niet al deze veranderingen door, maar twee punten vielen op doordat ze steeds bleven terugkomen: blote voeten en minder eten.

Blote voeten

Verbazingwekkend veel mensen die met de Wim Hof Methode werken, gaan op blote voeten lopen. Na tien interviews, bleek dat acht van de tien mensen dat is gaan doen. Dat kan geen toeval zijn. Hof zelf besteedt er in zijn methode weinig aandacht aan, maar ook hij loopt vaak op blote voeten.

Hoe zit dat?

Lopen op blote voeten is volgens veel mensen gezond. Als je erop let zie je ook ineens veel mensen op blote voeten hardlopen, ook duikt het onderwerp met regelmaat op in kranten en tijdschriften. De strekking van de artikelen: het versterkt de spieren in de voet – spieren die mét schoenen aan nauwelijks gebruikt worden – en het versterkt de botmassa. Voeten bevatten 200.000 zenuwuiteinden, dat klinkt als enorm veel, en het verklaart waarom lopen op blote voeten zo gevoelig is. Een lichte landing kan daardoor erg comfortabel aanvoelen, voor sommigen voelt het als massage. Op blote voeten lopen we technisch ook anders, zonder schoenen lopen we meer op onze voorvoet. Uit een onderzoek in 1987 door Steven Robbins en Adel Hanna bleek dat bij 17 lopers die van het lopen op schoenen overgingen op lopen zónder schoenen na vier maanden de lengteboog van de voet met 4,7 mm verkortte. De onderzoekers stelden dat deze verandering het gevolg moest zijn van de versterkte activatie van de voetspieren en dat dit mogelijk helpt om de overbelasting van de peesplaat aan de onderkant van de voet te verminderen, dan wel te voorkomen. Het werkte in dit onderzoek goed, omdat de omschakeling naar 'blootvoetslopen' langzaam werd opgebouwd. Bij onderzoeken waarbij de opbouw te snel was, werkt lopen op blote voeten blessures juist in de hand.

Aarden

Voorstanders van lopen op blote voeten benadrukken ook dat aarden een gunstig effect heeft op de gezondheid. Aarden is verbinding maken met het elektrische veld van de aarde. Onze aarde is negatief geladen (-) en de lucht is vol positieve (+) ionen. Er zijn veel (+) ionen bijgekomen de laatste jaren: gsm, WiFi, radio en televisie. Door te veel plusjes kan de balans van +/- verstoord raken.

'Door onze moderne leefstijl zijn we van de aarde geïsoleerd geraakt – geen gezonde situatie,' aldus elektrotechnicus Clinton Ober. Hij ontdekte de positieve gezondheidseffecten van aarden, ofwel onszelf met de negatieve elektronen van het aardoppervlak verbinden.

Kun je een overtal aan plusjes corrigeren door in contact te staan met de aarde (-)? Lastig. De verbinding wordt namelijk ten dele gedwarsboomd door dikke rubberzolen, waardoor de ontlading minder goed is. Door simpelweg op blote voeten te lopen, aard je beter en dat geeft energie.

Een van de geïnterviewden die aangeeft meer op blote voeten te zijn gaan lopen, is Richard de Leth (1982). De Leth studeerde geneeskunde aan de VU in Amsterdam en combineert in zijn praktijk westerse en oosterse geneeskunde. Zijn boek *OERsterk*, waarvan meer dan 70.000 exemplaren zijn verkocht, is een aanmoediging gezonder te eten. Zo is minder suiker eten een van zijn stokpaardjes. Een geliefde quote van De Leth is een uitspraak van de Nobelprijswinnaar voor de Literatuur 1948, T.S. Eliot:

> *'Waar is de wijsheid die we zijn kwijtgeraakt in de kennis?*
> *Waar is kennis die we zijn kwijtgeraakt in de informatie?'*

In zijn zoektocht naar wijsheid kwam hij Wim Hof tegen. In 2013 volgt hij bij hem een workshop. De Leth doet mee met de ademhalingsoefeningen en hij stapt in een bak met ijsklontjes. Hij beschrijft de ervaringen van die dag als bijzonder. Zo kan hij na wat oefeningen zijn ademhaling al 2,5 minuut inhouden en hij drukt zich zestig keer op, zonder te ademen. Ook het ijsbad voelt goed, zijn lichaam wordt direct rood, een teken van een goede doorbloeding.

Maanden na de workshop vragen we De Leth wat hij nog doet met de technieken. Hij geeft aan dat hij sinds die dag nog steeds wat doet met de ademhalingsoefeningen en hij kijkt jaarlijks uit naar de sneeuw, want dan kan hij op blote voeten naar buiten. Maar wat er blijvend is veranderd, is dat hij meer op blote voeten loopt, in huis en buiten, en dat dat goed voelt.

Voeding

Ook het voedingspatroon verandert bij veel mensen die met de WHM aan de slag zijn gegaan. Hof zelf eet nauwelijks. Ontbijten doet hij zelden en ook de lunch slaat hij over. Alleen 's avonds eet hij, zoveel hij wil en waar hij zin in heeft. Een van de eersten die het eetpatroon van Hof heeft onderzocht is de advocaat uit Leeuwarden uit het hoofdstuk over koudetraining, Jack Egberts. We besteden hier aandacht aan zijn speurwerk, omdat zijn vondst parallellen vertoont met de WHM. Het is simpel in uitvoering, maar het raakt de kern van veel welvaartsziekten op een treffende manier.

Egberts ontdekte een voedingsfilosofie die veel lijkt op het eetpatroon van Hof: *The fast-5 diet*. Voor de duidelijkheid, Hof moedigt mensen niet actief aan dit eetpatroon over te nemen, maar instinctief eet hij zelf wel op deze manier. Wat Hof – en nu ook Jack Egberts – doet is eenvoudig samen te vatten:

Eet gedurende vijf uur per dag, meer niet

The fast-5 diet is (her)ontdekt door voormalig luchtmachtarts Bert Herring. Als arts weet hij dat er fysiologisch geen enkele reden is, waarom mannen en vrouwen van boven de veertig te zwaar worden. Toch ziet hij in de spiegel een man met een flinke onderkin, borsten en een buik. Hij wil van zijn overgewicht af. Hij gaat alleen niet direct naar de sportschool, maar eerst naar de bibliotheek. Daar krijgt Herring nieuwe inzichten in het ontstaan van welvaartsziekten; ook herleest hij zijn oude studieboeken. Hij ontdekt dat niet alleen wát we eten van belang is, maar ook hoe vaak. Andere grote zoogdieren eten vaak maar één keer per dag en bij die dieren komt nauwelijks overgewicht, hart- en vaatziekten, diabetes of kanker voor. Mensen (wij zijn in feite ook grote zoogdieren) zijn in zijn ogen eigenlijk niet geschikt om de hele dag te eten. Herring spreekt erover met zijn vrouw Judi – ook arts en een paar pondjes te zwaar – en ze besluiten samen een experiment te doen.

Een maand lang eten ze alles wat ze willen, maar alleen tussen vijf uur 's middags en tien uur 's avonds. Het resultaat is opmerkelijk. Herring ziet spieren verschijnen op plekken waarvan hij alleen dankzij zijn anatomische kennis wist dat ze er zaten. Hij valt kilo's af, zijn bloeddruk zakt, zijn ontstoken tandvlees verdwijnt, hij voelt zich energieker én krijgt zin in hardlopen. Herrings vrouw vergaat het net zo. Ook zij is aangenaam verrast door de effecten. Nieuwsgierig geworden nemen ook Herrings vrienden deze nieuwe gewoonte over. Met vergelijkbare resultaten.

Herring besluit deze manier van eten – slechts vijf uur per dag eten – een naam te geven: *The fast-5 diet.*

Op internet stelt hij een gratis ebook beschikbaar. De voormalige luchtmachtarts zegt geen geld te willen verdienen aan een eenvoudige fysiologische waarheid en legt uit dat de basis van zijn methode op de achterkant van een bierviltje past: eet slechts gedurende een periode van vijf uur per dag. In het boek legt hij uit dat je daarmee je lichaam oefent om voornamelijk vet als brandstof te gebruiken, in plaats van glucose▶. Dat sluit weer aan bij de aanmaak van extra bruin vet door de koudetraining.

In het begin ervaren mensen – net als Jack Egberts – nog honger en om vijf uur ’s middags krijgen mensen een vreetkick. Dat is normaal. Maar al na een paar dagen is dat bijna weg. Je kunt dan ook gerust toegeven aan je vreetkick, want dat wordt snel minder. Je hoeft ook niet bang te zijn dat je flauwvalt, ook al ben je de eerste dagen wat slapjes, tenzij je diabetes hebt en je je medicatie niet aanpast.

Het eetpatroon stelt geen restricties aan het aantal calorieën, toch ga je vanzelf minder eten. Daarom is het belangrijk dat je vooral voeding eet met een hoge voedingswaarde. Herring raadt een mix van groente, fruit, vlees, vis en kip aan. Dan is de variatie goed en merk je, als je lichaam aan de ‘nuchtere’ toestand gewend is – en je dus meer op vet loopt, dan op glucose –, dat je ongeveer driehonderd gram of meer per week verliest. En dat je een veel constanter energieniveau hebt.

We hebben nu de methode en verbanden tussen ademhaling, koude en inzet beschreven, maar wat zegt de wetenschap over de Wim Hof Methode? In het volgende hoofdstuk beschrijven we de onderzoeken van het Radboud UMC en de opmerkelijke inzichten van prof. dr. Pierre Capel.

Wetenschap

'Ik ben wetenschapper, mijn lichaam is mijn labaratorium'
Wim Hof

Met zijn extreme prestaties valt Hof ook op bij wetenschappers. Onderzoekers staan in de rij om de extreme prestaties van Wim te verklaren. Want wat Hof allemaal doet, dat kan volgens de medische boeken feitelijk helemaal niet.

In 2011 begint het Radboud UMC een langdurig onderzoek naar Hof en zijn methode.

Eerst onderzoeken ze Hof individueel. Hof claimt dat hij zijn autonome zenuwstelsel▸ en immuunsysteem▸ zelf kan beïnvloeden. En dat is bijzonder, want artsen leren tijdens hun opleiding geneeskunde het tegenovergestelde.

Wat is het: autonoom zenuwstelsel

In het hoofdstuk over ademhaling kwam het autonoom zenuwstelsel al aan bod. Even samenvattend: zonder dat je erbij stilstaat is er iedere seconde activiteit in je lichaam. Je darmen zijn in beweging, je pupillen verwijden of vernauwen zich, je hart pompt, je lichaam blijft op temperatuur en biljoenen cellen zijn in beweging. Deze functies werken zonder dat je er zelf iets voor doet. Daarom wordt dat het autonoom zenuwstelsel genoemd: het werkt zelf, zonder aansturing. Het zenuwstelsel bestaat uit twee delen: parasympaticus▸ en sympaticus▸. Simpel gezegd is de parasympaticus het rempedaal en de orthosympaticus het gaspedaal.

Een ander systeem dat we niet kunnen beïnvloeden, is het natuurlijke immuunsysteem, het werkt zonder dat je je daar bewust van bent. Het natuurlijke immuunsysteem is een zeer oud evolutionair verdedigingssysteem om onder andere virussen en bacteriën te bestrijden.

Zowel het autonoom zenuwstelsel als het natuurlijke immuunsysteem is niet vanuit het bewustzijn te beïnvloeden.

Hof spreekt dat tegen.

Om te onderzoeken of Hof echt in staat is om zijn natuurlijke afweersysteem te beïnvloeden, krijgt hij van de onderzoekers een endotoxine-injectie. Dat is een injectie met een bestanddeel van de celwand van een bacterie, dat zeer toxisch is. De natuurlijke afweer is al honderden miljoenen jaren geprogrammeerd om direct op deze toxine te reageren. Hiervoor heeft het immuunsysteem zelfs speciale receptoren▸ op witte bloedcellen zitten, die TLR-receptoren genoemd worden.

Als deze receptoren binden aan de endotoxine worden verschillende ontstekingseiwitten gemaakt. Dit is te vergelijken met een reflexreactie, en een dergelijke reactie is niet te controleren. Door dit immuunrespons krijgen de proefpersonen griepachtige verschijnselen: koorts, rillingen en hoofdpijn. Niet alleen Hof krijgt een endotoxine-injectie, maar ook een controlegroep van twaalf mensen. De controlegroep reageert sterk op de endotoxine-injectie. De groep gaat rillen, is koortsig en krijgt lichte hoofdpijn. Hof doet zijn ademhalingstechnieken en – tot verbazing van de onderzoekers – hij heeft helemaal geen ziekteverschijnselen. Het lichaam van Hof is de endotoxine de baas. Tijdens het endotoxine-experiment worden in het bloed van Hof aanwijzingen gevonden van verhoogde activiteit van het sympathische deel van het autonoom zenuwstelsel. Zijn adrenaline gaat al omhoog voordat het endotoxine wordt ingespoten. Ook worden in zijn bloed veel minder ontstekingseiwitten aangetroffen, daarentegen gaat de stijging van het cortisol veel sneller naar beneden dan bij de controlegroep.

De heersende gedachte in de wetenschap, dat het autonoom zenuwstelsel en het natuurlijke immuunsysteem niet te beïnvloeden zijn, kan in de prullenbak. Althans, dat geldt voor Hof.

> *'Ik ben diep gegaan tijdens dit onderzoek. Er kwam een dosis gif binnen, ik moest in de tegenaanval. Toch was dat niet het zwaarste. Jarenlang werd ik weggezet als een kermisattractie, ik kreeg hoon en cynisme over me heen. Maar ik wist dat ik mijn autonome zenuwstelsel kon beïnvloeden. Het wachten op erkenning, dat was zwaar. Maar ik ben dolblij dat prof. Pickkers nu wetenschappelijk heeft aangetoond dat het echt zo is.'*
> Wim Hof

Wat betekent dit voor mensen met een auto-immuunziekte? Kunnen die met deze technieken hun ziekte bestrijden? Zo ver willen de onderzoekers nog lang niet gaan. Hof is weliswaar tijdens dit onderzoek intensief gevolgd met allerlei medische apparatuur en zijn bloed is onderzocht. Toch is er nog geen sprake van wetenschappelijk bewijs. Want één bevinding bij één persoon bewijst nog niets.

Om die reden besluiten de onderzoekers om een vervolgonderzoek te doen. In 2013 wordt het onderzoek herhaald met 24 jonge, gezonde en mannelijke vrijwilligers. Na massale aanmelding wordt door loting een groep van 24 mensen geselecteerd. Die worden vervolgens in twee groepen verdeeld. Twaalf mannen leren – binnen een week – de techniek van Wim; de andere twaalf niet. Alle 24 mannen krijgen een endotoxine-injectie. En wat blijkt: de twaalf mannen die de techniek niet hebben geleerd, reageren wisselend. Sommige hebben nauwelijks klachten, maar de meerderheid wordt koortsig. De twaalf mannen die zich de Wim Hof Methode hebben aangeleerd, blijven allemaal gezond.

Professor dr. Pickkers is hoogleraar experimentele intensive care geneeskunde en de leider van het onderzoek. Zijn onderzoeksgroep doet al jaren onderzoek naar infecties, afweer en beïnvloeding van het immuunsysteem bij de mens.

> *'Dat een mens het immuunsysteem willens en wetens kan aansturen, is uniek.'*
> Prof. dr. Pickkers

Toch blijft Pickkers in het begin nog uiterst voorzichtig. Een mogelijke beïnvloeding van het autonome zenuwstelsel wil nog niet zeggen dat mensen met chronische ziekten er baat bij hebben.

Voor de definitieve uitslagen van het onderzoek zijn ook de metingen uit het laboratorium van groot belang. Dat de twaalf getrainde mannen niet reageren op de endotoxine-injectie is maar een klein deel van het onderzoek.

Wetenschappelijke doorbraak

De resultaten uit het laboratorium bevestigen dat de getrainde groep na een korte training in staat is om het autonome zenuwstelsel te beïnvloeden. Dit is de eerste keer dat dit wetenschappelijk is aangetoond.

Waar de onderzoekers vooral enthousiast over zijn is het verschil van de immuunrespons tussen de groepen. Pickkers begon sceptisch aan het onderzoek, maar gelooft nu echt dat mensen in staat zijn om het autonoom zenuwstelsel te beïnvloeden.

De adrenaline ging direct na het starten van de technieken omhoog bij de groep die getraind was door Wim. Daarnaast ging ook het ontstekingsremmend eiwit IL-10 omhoog, waardoor de ontstekingseiwitten, IL-6, IL-8 en TNF-α, onderdrukt werden. Bij de controlegroep blijft het adrenalinepeil laag, waardoor de ontstekingsremmende eiwitten ook relatief laag blijven. Hierdoor zijn de ontstekingsbevorderende eiwitten juist hoog.

De getrainde groep laat hiermee zien, willens en wetens, het autonoom zenuwstelsel en de reactie van het natuurlijke immuunsysteem op endotoxine te beïnvloeden.

Nu is de vraag of dit toegepast kan worden op patiënten. Pickkers is daar nog steeds uiterst voorzichtig mee. Wel geeft hij aan dat de adrenalinewaarden van de groep veelbelovend zijn. Dat deze groep de adrenaline hoger kon krijgen dan iemand die aan bungeejumping doet is veelzeggend. Dat adrenalinepeil is zo belangrijk, omdat bekend is dat adrenaline de ontstekingsrespons onderdrukt. Chronische stress is ongezond, maar gecontroleerde en acute stress is een lichaamseigen medicijn. Er bestaat een waslijst aan medicijnen die als enig doel hebben om het ontstekingsmechanisme te onderdrukken. Prednison▸ is daar een bekend voorbeeld van. Nadeel van de medicijnen is echter dat het veel en heftige bijwerkingen heeft. Adrenaline is een lichaamseigen en gezonder alternatief. En – zegt Pickkers – met medicijnen zijn we al blij met 20 procent effect, en deze groep had met de lichaamseigen adrenaline maar liefst 50 procent effect.

Topje van de ijsberg

De uitslagen van het onderzoek werden gepubliceerd in toonaangevende tijdschriften als *Nature* en PNAS. Na de publicatie verwacht Hof een explosie aan enthousiasme. De mogelijkheden van zijn methode zijn wetenschappelijk bevestigd. Tot zijn teleurstelling en verbazing is er echter niet veel aandacht voor. De mogelijkheden worden door het grote publiek en de opiniemakers niet direct gezien, de uitslagen van het onderzoek kwamen naar buiten een dag voordat het Eurovisie Songfestival plaatsvond, en dat bleek een stuk interessanter.

Toch wordt de waarde van het onderzoek wel degelijk onderkend.

Frits Muskiet, hoogleraar klinische chemie, zei direct na het verschijnen van het onderzoek het volgende op Radio 1: ‘Ze hebben hiermee de vinger gelegd op bijna alle welvaartsziekten.’

Muskiet legt uit. ‘In ons lichaam veroorzaken we continu ontstekingen en we doen ontstekingen ook weer teniet. Het zou in balans moeten zijn, maar dat is het niet. We leven, door onze huidige leefwijze, eigenlijk voortdurend in een lage graad van ontsteking. Je kunt zeggen dat we chronisch ontstoken zijn, maar omdat het een lage graad heeft, voelen we er niets van. We merken het niet, maar het is wel de voedingsbodem voor veel ziekten. Deze groep heeft bewezen dat het mogelijk is om de ontstekingsreactie te onderdrukken. Ik hoop dat er veel meer onderzoek volgt.’

Prof. dr. Pierre Capel is biochemicus en immunoloog. Hij gaat nog een stap verder en ziet veel meer mogelijkheden met mediteren, ademhalingstechnieken en koudetraining. De uitleg van Pickkers van het Radboud UMC is volgens Capel slechts het topje van de ijsberg.

Wat zijn nu de feiten?

Het belangrijkste is dat de gebruikte techniek niet alleen effectief is bij één persoon, maar dat het ook bij andere personen werkt. Hierdoor sluiten we uit dat het hier om een zeldzame biologische combinatie van eigenschappen in een individu gaat, maar dat deze training breed toepasbaar is. Door ademhaling, meditatie en koudetraining treden wezenlijke veranderingen op in zeer belangrijke systemen die tot nu toe ontoegankelijk leken te zijn. Het resultaat van deze veranderingen is dat immuunreacties veranderen en grotere prestaties kunnen worden geleverd, zoals bij voorbeeld het in recordtijd beklimmen van de Kilimanjaro door Hof en zijn groep.

Hoe zou het biologische mechanisme dat hierachter zit eruit kunnen zien?

Laten we beginnen met het moeilijkste, het ijskoude water.
Hiervoor moeten we de receptoren leren kennen die op temperatuur reageren en weten wat die met ons lichaam

doen. Er is een familie van ‘transient receptor potential channels’ (TRP) die onder andere op temperatuur reageren en allerlei processen in ons lichaam aanzetten. En nu wordt het interessant, want voor ieder temperatuurgebied zijn er speciale TRP -receptoren. Voor hitte, hoger dan 42 °C, voor warmte, tussen 22 en 41 °C, voor kou < 22 °C en heftige koude < 7 °C. Bij hitte of kou zijn deze receptoren gekoppeld aan pijnreceptoren. Dus ga je het ijsbad in, dan is dat niet alleen koud maar doet dat ook pijn. Je reflex is dan logischerwijs om er onmiddellijk weer uit te gaan.

Maar hoe werken die pijnreceptoren en wat is pijn?

Als je op je vinger tikt voel je het contact, maar dat doet geen pijn. Als echter je vinger ontstoken is, wordt datzelfde tikje ineens uiterst pijnlijk. Niet omdat we meer pijnreceptoren hebben, maar omdat die nu gevoeliger staan afgesteld.

En nu wordt het even moeilijk.

Hoe gaat dat afstellen? De receptor bestaat uit een eiwit dat ASIC heet, als drie van die eiwitten samen één complex vormen dan kunnen zij een pijnprikkel doorgeven.

Of zij een trio vormen wordt door de zuurgraad (de pH-waarde) bepaald. Bij de normale pH in het lichaam is slechts een klein percentage van de pijnreceptoren actief. Daalt de pH dan wordt de pijn steeds heftiger, maar als deze stijgt, is er haast geen pijn meer. Behalve voor pijn zorgen deze receptoren ook voor angst en een heftige stressrespons. Dus als je onvoorbereid in het ijswater stapt, dan zijn pijn, angst, paniek en een erge stress het resultaat.

De vraag is nu waarom Hof deze heftige reactie niet heeft, sterker nog: hij houdt het lang uit in ijskoud water, zelfs zonder noemenswaardig af te koelen.

Wat is het geheim?

Nu komt de ademhaling om de hoek. Door zijn speciale ademhalingstechniek stijgt de pH tot wel 7,7 waardoor de pijnreceptoren inactief worden. Ga je na deze ademhaling het koude water in, dan veroorzaakt dit geen pijn, paniek en stress omdat het pijncentrum in de hersenen niet geactiveerd wordt.

De temperatuurreceptoren doen het nog steeds, maar zijn alleen losgekoppeld van pijn en angst. Deze koudereceptor geeft een signaal aan het lichaam om het bruine vet te verbranden, waardoor er snel zeer veel calorieën vrijkomen. Ook wordt de doorbloeding in de

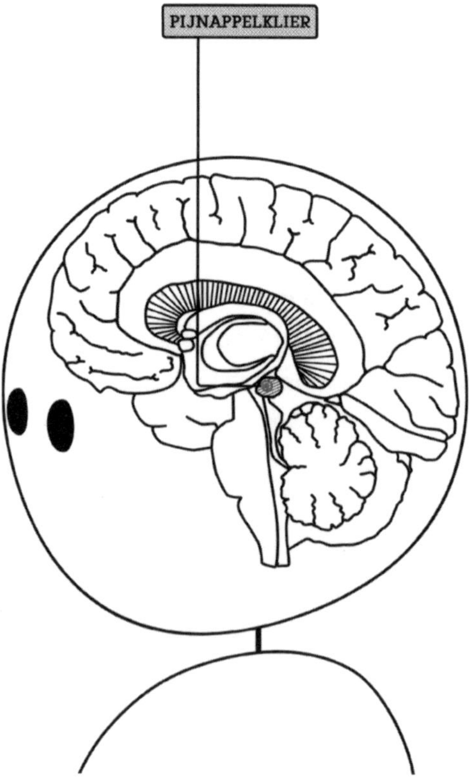

Het pijn- en angstcentrum in onze hersenen
(gearceerd zwart)

opperhuid afgesloten, waardoor er weinig warmteverlies is. Dit samen zorgt ervoor dat de lichaamstemperatuur nauwelijks daalt, waardoor Hof in het koude water kan blijven zwemmen, zonder onderkoeld te raken. Maar er is meer aan de hand.

Capel maakt duidelijk dat de ademhalingsoefeningen, het mediteren en de koudetraining een enorme impact op DNA-niveau hebben. De biochemicus legt vervolgens uit dat in elke cel hetzelfde DNA zit en dat in principe iedere cel alle informatie voor alle functies bezit. Je hart, je lever, je brein, je handen, je tanden: werkelijk elke lichaamscel heeft hetzelfde DNA. Toch groeit er geen haar op je tanden en je hart functioneert anders dan je lever. Dat komt doordat bijvoorbeeld in de cellen van het hart bepaalde functies binnen het DNA 'uit' staan, en andere juist weer aan. Het aan- en uitzetten van genen op het DNA is een belangrijk proces, iets wat geregeld wordt door de transcriptiefactoren.

Transcriptiefactoren, wat zijn dat?

Een transcriptiefactor is een soort DNA-schakelaar. Naast ieder gen zit een code op het DNA, die door een bepaalde transcriptiefactor wordt herkend. Als die factor aan die code bindt, kan een complex proces beginnen, waardoor de informatie van dat gen wordt vertaald in een eiwit met een specifieke functie. Nu stuurt één transcriptiefactor wel honderden verschillende genen aan. Dus of een dergelijke factor actief of inactief is, heeft een grote impact op honderden verschillende functies in ons lichaam.

Behalve dat speciale genen blijvend aan of uit staan, waardoor een levercel een levercel is en geen niercel, zijn er ook genen die, gestuurd door externe omstandigheden, tijdelijk aan of uit worden gezet. Bij externe omstandigheden kun je denken aan sociale contacten, voeding of sporten. Dus blijmoedig sporten stuurt die genen anders aan, dan chagrijnig op de bank zitten.

Er zijn vele honderden transcriptiefactoren, maar er is er één die onze speciale aandacht heeft: de nucleaire factor kappa b, kortweg NF-κB genoemd.

Deze factor ligt aan de basis van zeer veel belangrijke biologische processen en is onder meer betrokken bij het functioneren van ons immuunsysteem en het verloop van kanker. Het is algemeen bekend dat ontstekingsprocessen de basis vormen van een groot aantal ziektebeelden. NF-κB is hier telkens een bepalende factor, die betrokken is bij chronische en uitputtende ontstekingsreacties.

Wat heeft dat met Wim Hof en zijn methode te maken?

Wat Pickkers heeft ontdekt, is dat Hof meerdere ontstekingseiwitten zoals IL-6, IL-8 en TNF-α zelf kan sturen. Capel zegt dat deze eiwitten onder controle staan van NF-κB. Dus het lijkt erop dat Hof, met meditatie, ademhaling en koudetraining, zijn NF-κB activiteit kan beïnvloeden. Maar het is niet alleen NF-κB waar we naar moeten kijken, zo simpel is het niet. In de wereld van de transcriptiefactoren is het een warboel van samen- of tegenwerking van factoren. Zo is er in dat gebied ook nog een andere belangrijke speler: CREB.

CREB kan NF-κB remmen. In heel veel processen worden zowel CREB als NF-κB gelijktijdig geactiveerd, maar meestal domineert de NF-κB-actie. Een van die processen waarbij NF-κB de overhand heeft is het toedienen van endotoxine. Hierdoor gaan de ontstekingseiwitten onder controle van NF-κB omhoog, met koorts en andere ziektesymptomen tot gevolg.

Bij Wim en zijn getrainde groep mensen gebeurt juist het omgekeerde als het endotoxine wordt ingespoten. Bij het begin van de speciale ademhaling gaat de adrenaline al direct omhoog en dit activeert CREB waardoor dit de overhand kan krijgen en de NF-κB-gestuurde ontstekingseiwitten laag blijven. De CREB-gestuurde eiwitten, zoals IL-10 gaan omhoog. Het aardige is nu dat

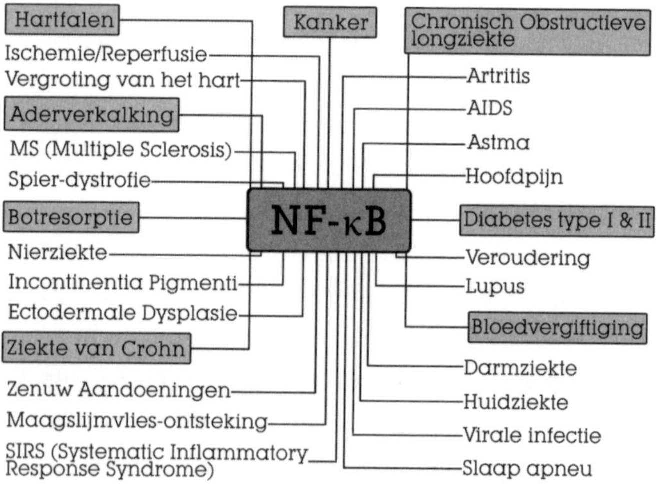

Veel verbanden tussen NF-kB en (welvaarts)ziekten

IL-10 een remmer is van de ontstekingsreactie, waardoor de ontsteking dubbel wordt geremd.

Waarom is dit evenwicht van transcriptiefactoren zo belangrijk?

Een groot aantal ziekten heeft een direct verband met NF-κB-activiteit zoals te zien is in de figuur op pagina 110.

Chronische stress drijft NF-κB-activiteit tot grote hoogte. Als je dus NF-κB zelf kunt regelen heeft dat een enorm gunstige impact op je gezondheid. In plaats van dat de stress een negatieve invloed op deze NF-κB heeft, kun je het zelf positief beïnvloeden.

Weer even terug naar Capels hypothese

Stress verhoogt de NF-κB-activiteit, maar ontstressen door bijvoorbeeld meditatie, brengt dit weer terug naar het gezonde basisniveau. Zo is de NF-κB-afhankelijke IL-6-productie na een stressprikkel aanzienlijk lager bij individuen die mediteren. Meditatie is daarmee dus niet een soft, esoterisch gebeuren, maar kan direct in de kern van onze cellen aangrijpen en het gebruik van het DNA beïnvloeden.

Een van de vele voorbeelden hiervan is het onderzoek naar telomeren▸. Dit zijn de uiteinden van de chromosomen▸, die bij iedere celdeling korter worden en de levensduur van de cel mede bepalen. Het onderzoek naar telomeren heeft in 2009 de Nobelprijs voor de Geneeskunde gekregen. Omdat de chromosomen door stress versneld verkorten, hebben deze onderzoekers de vraag omgedraaid en gekeken of bij meditatie de chromosomen weer langer worden, waardoor de levensduur wordt verlengd. En inderdaad, mediteren had dit resultaat.

Dus meditatie kan wel degelijk een effect hebben op belangrijke transcriptiefactoren▸ zoals onder andere NF-κB.

De geconcentreerde ademhalingsoefening van Hof kan naast het veranderen van de pH in het lichaam ook gezien worden als een vorm van meditatie met de daarbij behorende effecten.
De combinatie van ademhaling, meditatie en koudetraining maakt dat de normale stressrespons op kou en hypo- en hyperventilatie anders verloopt.
De normale stressrespons bestaat uit het direct vrijkomen van adrenaline, gevolgd door de productie van stresshormonen in een deel van de hersenen, de hypofyse. Deze stresshormonen zetten onder andere de bijnieren aan tot cortisolproductie. Cortisol heeft een groot effect op ons lichaam en bestuurt op zijn beurt veel functies; waaronder een verhoging van NF-κB-activiteit.
De stressrespons bij Hof en zijn getrainde groep is

duidelijk afwijkend. Dat zou zeer goed kunnen komen door de afwezigheid van pijn en angst, veroorzaakt door de pH-verhoging vanwege de speciale ademhaling. Het deel van de hersenen dat normaal geprikkeld wordt door de pijn van de kou wordt nu niet actief en stuurt nu geen, of een andere boodschap naar de hypofyse, waardoor de stressrespons wordt veranderd.

We zien dat bij het begin van de speciale ademhaling zeer veel adrenaline vrijkomt. Behalve dat hyper- of hypoventilatie adrenaline vrij kan maken doet de kou dat ook. Tijdens de training worden ademhaling en kou geassocieerd, waardoor er een conditioneringsreactie kan optreden. Net zoals de hond van Pavlov, een Russische onderzoeker uit de achttiende eeuw. Als de hond voedsel zag ging hij extra speeksel maken.

Pavlov liet nu bij het geven van het voedsel een belletje luiden en verbond hiermee het geluid van de bel met de aanwezigheid van voedsel. Als de hond nu alleen het belletje hoorde, terwijl er geen voedsel was, ging hij toch extra speeksel vormen. Dit heet conditioneren▸ en is een zeer bekend en veelvoorkomend proces. Het is zeer goed mogelijk dat de extreem hoge adrenalineproductie alleen al bij het starten van de speciale ademhaling, zonder het ijsbad, het resultaat is van een conditioneringsreactie.

De Wim Hof Methode zou kunnen berusten op het ontkoppelen van de pijn- en koudesensatie, waardoor de normale stressrespons verandert.
Een veranderde stressrespons heeft een directe invloed op de balansen van transcriptiefactoren en daarmee op honderden lichaamsfuncties.
De hoge adrenalineproductie geeft het voordeel van de acute stress waardoor men extra prestaties kan leveren, terwijl de nadelen van de normaal daarop volgende reactie van verhoogde NF-κB-activiteit achterwege blijven.

Gezien de relatie van een hoge NF-κB-activiteit met een zeer groot aantal ziekten, inclusief het verloop van kanker, kan de Wim Hof Methode wel eens verstrekkende gevolgen hebben.

Wetenschappers uit verschillende disciplines zijn bezig om de methode te ontrafelen. Arts-onderzoeker Geert Buijze is in januari 2015 een onderzoek begonnen onder de naam Cool Challenge. De uitslagen van dat onderzoek zijn interessant. Het zou kunnen aantonen of je al profijt kunt hebben van alleen koud (af)douchen – zonder de ijsbaden dus. Buijze is zelf mee geweest naar de Kilimanjaro met Hof en doucht sindsdien koud af. Vanaf die tijd is hij geen koukleum meer en is hij geen dag meer ziek geweest. Als wetenschapper bij het Academisch Medisch Centrum Amsterdam weet Buijze dat anekdotisch bewijs niet hetzelfde is als bewijs. Daarom is hij een onderzoek gestart met meer dan drieduizend vrijwilligers. De deelnemers worden in vier groepen verdeeld: de controlegroep blijft warm douchen, een groep zal 30 seconden koud (af)douchen, een groep zal 60 seconden koud (af)douchen en er is een groep die 90 seconden koud zal (af)douchen. Alle mensen krijgen dezelfde vragenlijst, waarbij onder andere naar het aantal ziektedagen wordt gevraagd. We zijn benieuwd naar de uitslagen, te volgen op www.coolchallenge.nl.

Ook mensen zoals Pickkers, Muskiet en Capel blijven bijdragen aan de ontrafeling. De komende jaren zal er nog veel meer duidelijk worden en komen ook er weer flink wat vragen bij. Iedere keer als we iets leren over de werking van ons lichaam komen er ook weer nieuwe vragen boven. Dat zal bij de zoektocht naar de effecten van kou en ademhaling niet anders zijn. Hoe weet je nu welke kennis klopt en welke kennis over een half jaar weer de prullenbak in kan? Wetenschappers zijn wat dat betreft net mensen: ze spreken elkaar eindeloos tegen.

Er worden gewaagde verbanden gelegd, die met wetenschappelijke onderbouwing te verdedigen zijn. Maar wat kun je ermee? Kun je nu zeggen dat mensen met kanker baat hebben bij de technieken van Hof? Nee. Absoluut niet. Want we weten simpelweg niet hoe de cellen, genen en transcriptiefactoren precies reageren.

Daar is de materie te complex voor en onze kennis nog onvoldoende. Maar we kunnen ook niet zeggen dat mensen met kanker géén baat hebben bij deze – eenvoudige – technieken.

De WHM is niet gevaarlijk en stel dat het werkt? Besef dan altijd dat een gemiddeld mens niet bestaat – wetenschap vergelijkt alleen groepen. De betekenis voor een specifiek persoon wordt daarmee nog niet bewezen.

Maar wat kunnen we dan wel zeggen over de effecten van ademhalingsoefeningen en kou in geval van ernstige ziektes? Niets zeggen voelt niet goed, want als je deze kennis hebt, dan moet het de wereld in. Maar lovende woorden voelen al even fout, want we willen geen valse hoop geven. Bovendien weten we gewoonweg niet hoe het precies werkt.

In het volgende hoofdstuk volgt meer achtergrond-informatie per ziekte en de ervaringen van patiënten die met de methode aan de slag gingen, zonder valse hoop te willen geven. Maar mogelijk is het een zetje om eens te kijken wat ademhaling en kou voor jou kunnen betekenen. Ziek, of kerngezond.

Voor wie is de Wim Hof Methode geschikt?

Nu je weet wat de methode inhoudt en hoe de wetenschap erover denkt, is de volgende vraag natuurlijk: voor wie is dit geschikt? In het boek zijn al voorbeelden voorbijgekomen van reuma, overgewicht, de ziekte van Lyme en meer kwalen en aandoeningen. Bij welke ziektes is het de moeite van het proberen waard?

Voor we een aantal ziektes bespreken en voorbeelden geven van mensen die met kou en ademhaling aan de slag zijn gegaan, willen we het eerst over gezonde mensen hebben. Waarom zou je met de methode aan de gang gaan als je kerngezond bent?

Gezonde mensen

Preventief koud douchen om gezond te blijven, dat doet natuurlijk niemand. Waarom zou je bezig zijn met niet-ziek worden, als je gezond bent? Dan ben je überhaupt niet bezig met ziekte. Ook niet met niet-ziek worden. Toch is er voor gezonde mensen alle reden om koud te douchen, of in koud natuurwater te zwemmen. Je hebt namelijk het gevoel dat je leeft. Maar dan écht. Zeker als je zittend werkt en een baan hebt die wel oké is, maar waar je niet bevlogen dagelijks je bed voor uitspringt, dan is koud douchen een goed begin van de dag. Je bruist dan van de energie.

Sporters

Schaatser Sven Kramer stapte na zware trainingen in een ijsbad om sneller te herstellen. De motivatie: na een zware training of wedstrijd produceren de spieren van een atleet stoffen, zoals lactaat▸, die lang in het lichaam kunnen blijven. Een overschot aan lactaat wil je liever kwijt, zodat je snel weer intensief kunt trainen. Ook ontstaan er microscopische beschadigingen in de spieren, een soort slijtage. Bij voldoende rust herstelt dat volledig en wordt het lichaam sterker dan vóór de training. Dat heet supercompensatie. Hydrotherapie (zoals het ijsbad ook genoemd wordt) moet de afvoer van afvalstoffen bevorderen. Eerst sluiten je bloedvaten, en als je het ijsbad uitstapt komt de bloedtoevoer weer extra op gang. Bij onderzoek naar het effect van een koud bad of wisselbaden zeggen sporters dat ze de volgende dag minder stijve spieren hebben. Bleakly et al. hebben een grootschalig literatuuronderzoek gedaan naar de effecten van koudwaterbaden op het herstel. Van de 58 studies die gevonden zijn, vindt het onderzoeksteam er slechts 17 goed genoeg. De onderzoekers hebben koude baden vergeleken met passief herstel en met een warmwaterbad. In één onderzoek vergeleken ze een koud bad met actief herstel – vijftien minuten rustig hardlopen. Aangetoond werd dat de ervaren spierpijn 24 uur na de inspanning lager was na het nemen van een ijsbad in vergelijking met passief herstel.

Tot zover kort iets over sporters en gezonde mensen.

Nu bespreken we enkele ziektes en aandoeningen in relatie tot de methode van Wim Hof. Vanzelfsprekend is dit geen aanmoediging om met een reguliere behandeling te stoppen – we herhalen het nog maar een keer. Evenmin is het bedoeld om 'gewone' behandelingen te ondermijnen of te beoordelen. Maar het is wel een aanmoediging om het effect van ademhaling en kou op de miljarden cellen in lijf in verband te brengen met een mogelijke klacht of aandoening.

Bloeddruk

De bloeddruk is de weerstand waartegen het hart het bloed de vaten inpompt. Een hoge bloeddruk vergroot de kans op hart- en vaatziekten. Het hart pompt het bloed met kracht de slagaders in. Er ontstaat een druk op de bloedvaten en deze moet niet te hoog worden. Een normale bloeddruk is 120 mmHg als bovendruk en 80 mmHg als onderdruk. Vooral de bovendruk is stressgevoelig en bovendien veranderlijk. Mensen met een hoge bloeddruk merken daar vaak niets van, maar de voortdurende druk op de vaten kan wel schade aanrichten aan de organen. Bijvoorbeeld aan de hartspier en slagaders maar ook ogen, nieren en hersenen. De arts meet bij de bloeddruk twee waarden: bovendruk en onderdruk. De onderdruk geeft een goede schatting van het risico op hart- en vaatziekten, als die boven de 95 mmHg is, dan volgt behandeling (bijvoorbeeld medicijnen). Ook geeft een arts adviezen als: stop met roken, eet gezond, minder met zout, val af in gewicht, beweeg minimaal 30 minuten per dag en leer omgaan met stress (richtlijnen volgens de hartstichting). En als dat niet helpt, dan is de volgende stap die naar medicijnen. Wij vinden het jammer dat blootstelling aan kou niet in het rijtje staat. Zoals je immers in het hoofdstuk Koudetraining hebt gelezen, kun je de bloedvaten trainen met kou. Bloedvaten sluiten zich door de kou, om de bloedstroom naar de vitale delen veilig te stellen, en bloedvaten openen weer door op te warmen. Door het krachtig sluiten en dan weer te openen, train je de bloedvaten. Dat lijkt toch de moeite van het proberen waard bij een hoge bloeddruk. Oefen natuurlijk met een koude douche, en niet meteen met een ijsbad. Het heeft in ieder geval de moeder van Jack Egberts (uit hetzelfde hoofdstuk) goed gedaan; zij kon na een maand lang koud douchen stoppen met haar medicijnen, in overleg met haar huisarts.

Kanker

Dat we hier überhaupt over kanker durven te beginnen, komt door het verhaal van Capel over NF-κB uit het vorige hoofdstuk. Het ligt – eufemistisch gezegd – gevoelig om over kanker te beginnen in een boek van Wim Hof over kou en ademhaling. Joost, een vriend van mij, vatte een gevoelig punt bondig samen:

'Schrijf jíj een boek met Wim Hof? Dat is toch die man die zegt dat hij kanker kan genezen, met ademhaling en een koude douche?'

Dat hij kanker kan genezen zegt Hof niet. Natuurlijk zegt hij dat niet.

Toch gaan de haren van Joost rechtovereind staan bij de naam Wim Hof, in relatie tot kanker. En we horen het vaker, mensen die Hof wegzetten als iemand die valse hoop geeft.

Maar hoe zit dat dan? Hof zegt: 'Ik genees geen kanker.'

Maar waarom ging astronaut en hoogleraar Wubbo Ockels (niercelkanker) dan de koude Amsterdamse grachten in, na zijn week met Hof? En waarom is de Denker des Vaderlands, René Gude (botkanker), met ademhalingsoefeningen aan de slag gegaan? En waarom heeft journalist Mark Bos (prostaatkanker) een *coldseat* in zijn schuur staan, een soort houten tobbe waar je in kunt zitten en waar het permanent 1 °C is?

Zijn deze mannen wanhopig op zoek naar genezing?

In het televisieprogramma *Pauw en Witteman* zei Ockels dat zijn Amerikaanse arts hem nog maximaal een jaar zou geven, maar dat hij zich daar niet bij neerlegde. Ockels gaf aan dat hij de kracht van zijn geest wilde inzetten om zijn lichaam sterk te maken, en dat daar veel mogelijkheden liggen. Hij was op zoek naar de oermens in zichzelf en noemde zijn kanker gekscherend 'bofkanker', omdat de ziekte hem veel bijzondere kennis en ontmoetingen opleverde. Ockels zocht naar volledige genezing, maar overleed op 18 mei 2014.

De avond voor zijn overlijden is *Algemeen Dagblad*-verslaggever Arno Gelder bij Ockels in het ziekenhuis. Gelder beschrijft: 'We schudden elkaar de hand. Hij ligt in bed en neemt zijn zuurstofkapje af. "Dag Wubbo ...

ach man toch ...” Maar Ockels is opgewekt en blij met het bezoek. “Ik heb nog een statement, bedoeld voor jouw lezers. We moeten toe naar een nieuwe religie, een nieuwe energie. En die heet Humanity! Het staat op het bureaublad van mijn computer. Martin stuurt het je.”’

Gelder vraagt hem of hij bang is. ‘Voor de dood? Nee, beslist niet. Ik heb een geweldig bestaan gehad, een superleven. Maar het is vreselijk voor Joos en de kinderen. Dat drukt het meest op mijn ziel ...’

Zo is Ockels tot het laatste moment strijdbaar. Zijn eigen ziekte kon hij niet overwinnen, maar tot het laatst had hij kracht en energie om anderen in beweging te zetten.

Ook journalist Mark Bos gaat de strijd aan met zijn ziekte. Bos legt uit hoe hij bij Wim Hof is gekomen na zijn diagnose, en wat hij er nu mee doet. Bos is journalist en documentairemaker, onder andere voor *Een Vandaag*.

In september 2012 hoort Bos dat hij prostaatkanker heeft met een inoperabel groot prostaatvolume en uitzaaiingen in het schaambeen. Na deze diagnose wordt hij verder onderzocht in het Radboud en daar komt nog meer slecht nieuws. Er zijn ook uitzaaiingen in de lever, niet behandelbaar. Bos weigert injecties vanwege ongewenste bijwerkingen, maar neemt wel pillen. En hij begint een zoektocht. Als documentairemaker gaat hij zijn eigen ziekte te lijf, alsof het een interessant onderwerp voor zijn documentaires betreft. Hij gaat meer sporten en gezonder eten. Instinctief denkt hij dat alles wat gezond is in zijn ogen, en waar hij als journalist niet aan toe kwam, nu goed is om te doen. En hij wil in ieder geval íets doen.

Via NLP (Neuro Linguïstisch Programmeren) ontdekt hij het boek *Quantum Healing* van Deepak Chopra, hij maakt kennis met psychotherapie en komt met Hof in contact. Een logische stap in zijn zoektocht op verschillende gebieden.

Bos probeert zijn kanker te zien als een kompaan, één die je misschien wel niet meer kwijtraakt. Toch blijft zijn wens: genezen van kanker. Ook probeert hij zijn conditie en stemming zoveel mogelijk op peil te houden door gezond te leven.

Bij gezond leven krijgt kou een belangrijke rol, evenals ademhalingsoefeningen. Na trainingen bij Hof raakt hij enthousiast over het effect. Bos krijgt energie en zijn stemming is dagenlang goed nadat hij voor het eerst een training doet met Hof. Bos gaat verder. Hij gaat een week naar Polen om met kou in de bergen te trainen en dagelijks meer dan een uur ademhalingsoefeningen te doen. De training slaat aan. Na een scan in het ziekenhuis krijgt Bos goed nieuws. Er zijn – tot verbazing van de artsen – geen uitzaaiingen in de botten meer te zien. Nu de botuitzaaiingen weg zijn, is er volgens de artsen toch een kleine kans op genezing door een operatie (het verwijderen van de klieren) en zeven weken bestraling. Bos voelt er aanvankelijk niets voor, maar hij wil ook niet in de 'Jomanda-hoek' terechtkomen en zonder behandeling overlijden. Dus laat Bos zich opereren.

Het verloopt niet goed. De artsen halen er 41 klieren uit, waarvan er 17 aangetast blijken te zijn. Na deze operatie blijkt echter dat de tumor bij de prostaat te groot is. De geplande bestralingen (35 keer in zeven weken), gaan niet door, want de radiotherapeuten zien geen mogelijkheid meer, en Bos is terug bij af. Hij heeft voor niets een zware operatie gehad, hij is doodmoe en gedesillusioneerd. Bos moet vertrouwen herwinnen, en dat doet hij.

Vlak voor zijn operatie besluit Bos om mee te gaan met de beklimming van Kilimanjaro (zie het hoofdstuk over inzet). Om daar naar de top te gaan is een wens en een enorme stimulans om de technieken weer op te pakken. Bos gaat trainen. Hij bouwt zijn conditie op en in december loopt hij alweer 19 kilometer. Maar net als lijkt dat het weer de goede kant op gaat, krijgt Bos opnieuw een klap te verwerken. Zijn *PSA* (prostaat specifiek antigeen) dat vóór de operatie 52 was, is na de ingreep 200 en stijgt door tot boven de 300. Een ramp. Bos moet gas terugnemen, raakt ook nog geblesseerd,

maar gaat toch mee naar de Kilimanjaro. Zijn inzet en de ademhalingsoefeningen brengen hem naar boven.
Bos heeft nooit geloofd dat de methode van Wim Hof hem zou genezen. Wel merkt hij dat hij er elke dag energie van krijgt, waarmee hij positiever en actiever in het leven staat.

Hij voelt zich – naar omstandigheden – uitstekend. Bos loopt hard, doet dagelijks ademhalingsoefeningen en koudetraining. In plaats van ziek in bed te liggen met prostaatkanker leeft Bos zijn leven volop. Hij heeft een nieuwe vriendin, maakt mooie reizen en hij maakt een documentaire over zijn ziekte, zijn zoektocht en zijn ervaringen: *Retour hemel*.

Of hij advies heeft voor mensen met kanker?

'Nee,' zegt Bos, 'niet voor lotgenoten. Mijn verhaal is een voorbeeld van hoe je zelf je leefomstandigheden kunt verbeteren, maar ik heb wel een advies voor de artsen die ons behandelen. Zij moeten uit hun hokjes van richtlijnen en protocollen komen en wat nieuwsgieriger worden naar de wijze waarop mensen die het op hun eigen manier doen écht vooruitgang boeken.'

Ontstekingen

Zoals eerder in het hoofdstuk Wetenschap al aan bod kwam, is het interessant om te kijken wat er gebeurt bij ziektes waarbij ontstekingen een belangrijke rol spelen. Want wat Pickkers ontdekte is dat Hof zelf meerdere ontstekingseiwitten kan sturen. Wat betekent dat voor mensen die nu ontstekingsremmers slikken? Het onderzoek met de groep van Hof – ik zeg het opnieuw – is gedaan met gezonde proefpersonen. Dus er is nog niets bekend over de uitkomst bij patiënten. We weten niet of patiënten die ontstekingsremmers slikken baat hebben bij deze methode. Maar het is een feit dat mensen in staat zijn om zelf ontstekingseiwitten te sturen, dus wellicht ook mensen die daar nu medicijnen voor slikken. De medicijnen slaan lang niet altijd aan en kunnen heftige bijwerkingen hebben.

De vier belangrijkste soorten ontstekingsremmers zijn:

Corticosteroïden▸, deze bijnierschorshormonen stimuleren de aanmaak van ontstekingsremmende eiwitten. De bekendste is Prednison.

Antistoffen▸ grijpen aan op een specifiek eiwit en remmen het onderdeel van de ontsteking waarbij dat eiwit betrokken is, bijvoorbeeld anti-TNF-alfa.

NSAID's▸ (afkorting van non-steroidal anti-inflammatory drugs) dempen de ontstekingen, bijvoorbeeld: aspirine en ibuprofen.

DMARD's (afkorting van disease-modifying antirheumatic drugs), verminderen weefselschade door ontstekingen, bijvoorbeeld: methotrexaat.

De lijst met ziektes en klachten die in verband wordt gebracht met ontstekingen groeit met nieuwe inzichten snel, bijvoorbeeld: reuma, de ziekte van Crohn, hoge bloeddruk, overgewicht, slapeloosheid, diabetes type 2, Alzheimer, depressie, vormen van kanker, vermoeidheid. We zullen enkele van deze diagnoses bespreken en – vooral – ook patiënten aan het woord laten.

Reuma

Reuma is een verzamelnaam voor wel meer dan honderd ziekten. De bekendste zijn: reumatoïde artritis, artrose, fibromyalgie, jicht en de ziekte van Bechterew. Artsen die spreken over reuma bedoelen meestal reumatoïde artritis. Dat is een ontsteking in de gewrichten, waarvan de oorzaak nog niet is gevonden. De Amerikaanse reuma-associatie hanteert de volgende criteria:

Vijf van de volgende punten moeten ten minste zes weken aanwezig zijn:

- Ochtendstijfheid
- Pijn in ten minste één gewricht bij beweging
- Zwelling door verdikking van weke delen in ten minste één gewricht

- Ten minste een ander gewricht met zwelling van de weke delen
- Karakteristieke veranderingen in het slijmvlies
- Karakteristieke bobbel op spier of pees

Wordt reuma 'vastgesteld', dan volgt meestal behandeling met medicijnen. Ademhalingsoefeningen of blootstelling aan kou wordt nog zelden ingezet en dat is jammer, want koudetraining kan aanvullend de moeite waard zijn. Marianne Peper is er een prachtig voorbeeld van.

• • •

Marianne Peper

Ik interview Marianne Peper in haar huis in Deurne. Voor we beginnen aan het gesprek wil Marianne iets laten zien. Ze pakt een plastic tasje en kiepert tien doosjes op tafel. Het zijn medicijnen:

- Omeprazol 40mg
- Prednisolon 20mg
- Levocetirizine 5mg
- Naproxen 250mg
- Plaquenil 200mg
- Clonidine 0,025mg
- Meloxicam
- Diclofenac
- Ventolin
- Paracetamol
- Seretide

Marianne neemt ze allemaal. Daar bovenop krijgt ze nog eens per drie weken een Prednisonspuit. Op 17 oktober 2013 besluit Marianne om te stoppen met de medicijnen. Dat is vreemd. Marianne heeft reumatoïde artritis, fybromyalgie, allergieën en ze heeft overal pijn. Veel pijn – ze kan zichzelf niet eens aankleden.

Toch besluit ze te stoppen met haar medicatie. Waarom?

Ze vertelt dat haar vader is overleden aan Prednisongebruik. Als kind ging ze samen met haar vader naar FC Twente en dan zongen ze samen het clublied *Eenmaal zullen we de kampioenen zijn*. Als het eenmaal zover is – FC Twente wordt in 2010 kampioen – is haar vader al overleden. Zijn vroege overlijden doet Marianne nog altijd pijn. Ze associeert haar eigen medicijngebruik dan ook niet met genezing, maar met de dood van haar vader. Het is symptoombestrijding. Daarom besluit ze op 17 oktober 2013 abrupt om met haar medicijnen te stoppen. Na haar besluit gaat ze anderhalve maand door een hel. Tijdelijk slikt ze wél slaaptabletten, anders is het niet vol te houden.

Pijn. Pijn. En nog eens pijn.

Ook voor haar man is het een zware periode. Hij verzorgt haar, helpt haar met aankleden, neemt veel taken over in huis en blijft achter zijn vrouw staan. Zijn humor brengt wat lucht in deze periode, maar het blijft moeilijk. Als hij Marianne aanraakt doet het al zeer, vrijen zit er dus al helemaal niet meer in.

Dan ziet ze Wim Hof op televisie. Intuïtief denkt ze: die man gaat me helpen. Hof zegt daar dat een mens tot meer in staat is dan hij zelf voor mogelijk acht. Daar wil Marianne meer van weten. Ze zoekt contact en Hof komt bij haar thuis om de ademhalingsoefeningen uit te leggen.

Marianne gaat aan de slag met de ademhalingsoefeningen en voelt zich na een week al stukken beter. Ze gaat een week mee naar Polen en doet daar niet alleen de ademhalingsoefeningen, maar oefent ook met de blootstelling aan extreme koude. Ze gaat een ijskoude beek in (net boven het vriespunt) en ze loopt in korte broek naar een bergtop in de sneeuw. Na deze week voelt ze zich als herboren. Thuis maakt ze in de tuin een speciaal bad om met kou te kunnen blijven trainen.

Het klinkt te mooi om waar te zijn. Maar Marianne benadrukt dat het hard werken is. Iedere dag doet ze de ademhalingsoefeningen en minstens twee keer per week neemt ze een ijsbad. Doet ze dat niet, dan komt de pijn direct terug. Toch is ze erg opgetogen.

Van haar reumatoloog kreeg ze het advies om een infrarode lamp te nemen, plus medicijnen. Van Hof leerde ze de voordelen van de kou en ze heeft geen medicijnen meer nodig.

De reumapatiënte noemt zichzelf inmiddels geen patiënt meer. Haar man beaamt dat, met een tevreden knipoog.

• • •

Ziekte van Crohn

Ook bij de ziekte van Crohn is een bijzonder verhaal te vertellen. De ziekte van Crohn is een chronische ontstekingsziekte van het maag- en darmkanaal, in Nederland hebben ongeveer 20.000 mensen last van deze aandoening. Meestal zijn de dunne en/of de dikke darm ontstoken. Door deze ontstekingen vermindert de opname van sommige voedingsstoffen in de dunne darm. Gevolg: gewichtsverlies en tekorten van bepaalde voedingstoffen. Deze tekorten zorgen voor vermoeidheid en allerlei 'vage' klachten. De ontstekingen in de darmen kunnen ook leiden tot permanente schade aan de darmwand, er kunnen gaatjes ontstaan en er kan bloedverlies zijn. Klachten blijven niet beperkt tot de darmen, mensen met Crohn hebben ook vaak last van gewrichtspijnen en huidaandoeningen. Soms moeten stukken darm verwijderd worden om de ziekte beheersbaar te houden.

Met de Wim Hof Methode kan je de ontstekingen mogelijk terugdringen.

• • •

Mathijs Storm (1981)

In 2008 wordt bij Mathijs Storm de ziekte van Crohn geconstateerd. Hij is opgelucht. Eindelijk is er iets gevonden. Al jaren is hij vaak moe. Na zijn werk ploft hij geregeld uitgeput op de bank en zijn liefde voor vechtsporten komt nooit tot volle wasdom omdat hij een zwak gestel heeft. Nu weet hij hoe het komt, na een bezoek aan de huisarts en de doorverwijzing naar het ziekenhuis. Crohn dus.

Zelf vat hij zijn Crohn spitsvondig samen: 'Ik heb een extreemrechtse darmwand. Hij valt alles aan wat vreemd is, waardoor ontstekingen ontstaan.'

Zijn ontstekingen worden geremd door medicijnen. De meeste medicijnen slaan niet aan, enkel zwaardere medicijnen: uit de groep TNF-alpha-remmers, een zogenaamde biological. Storm leert leven met Crohn. Hij identificeert zich met zijn ziekte. Het is zijn verklaring voor zijn vermoeidheid en voor zijn beperkingen.

Na twee jaar begint er echter iets te knagen. Legt hij zichzelf niet meer beperkingen op dan nodig is? Natuurlijk: Crohn is Crohn, maar er zijn veel manieren om meer energie te krijgen. Ook met chronische ontstekingen in je darmen. Storm gaat boeken lezen. Over ademhaling. Over sporten. Over voeding. Daarnaast gaat hij mediteren. In zijn zoektocht naar kennis komt Storm ook op de website van Wim Hof terecht en hij bekijkt wat filmpjes. Over de voordelen van de ademhalingstechnieken is hij direct enthousiast, maar hij denkt dat de technieken van Hof met de kou niet bij hem passen. Tot een zwager hem, ruim een jaar later, vertelt dat Wim maar één keer per dag eet. Dat prikkelt Storm om toch nog eens opnieuw op de website van Wim te kijken. Een chronische ontsteking in zijn darm, is dat wellicht deels te verhelpen door weinig te eten? Toen las Storm op de website dat er medisch onderzoek bij Wim was gedaan, waaruit men voorzichtig de conclusie leek te trekken dat Wim door beoefening van deze methode zijn immuunsysteem kan beïnvloeden. Storm raakt gefascineerd.

Hij besluit om een workshop te doen bij Hof om te zien wat het brengt. Door een misverstand blijkt Storm zich niet te hebben opgegeven voor een gewone workshop, maar voor een instructeursweekend. Storm doet aan alles mee. Hij doet ademhalingsoefeningen, stapt in een bak met ijs. Hij bruist van de energie en is na het weekend dolblij.

Storm heeft controle over zijn lichaam én hij heeft zich het hele weekend geen patiënt gevoeld. Thuis gaat hij aan de slag met de oefeningen, zijn stemming verbetert en hij heeft 's avonds na zijn werk weer tijd en puf om te klussen in huis. Zijn energie blijft flink toenemen, hij fietst zelfs weer dagelijks naar zijn werk op en neer, iets wat hij voorheen niet meer kon.

Dat smaakt naar meer. Hij gaat verder met de instructeursopleiding en krijgt steeds meer controle over zijn lichaam. Dan vraagt Hof doodleuk of Storm mee wil naar de Kilimanjaro. Wat? Dat is toch een berg in Tanzania van 6000 meter hoog? Inderdaad. Na flink wat twijfels besluit Storm om mee te gaan. En tijdens de training wordt hij gesterkt in zijn eigen kunnen. Met ontbloot bovenlijf fietst hij 's ochtends bij twee graden naar zijn werk, om te trainen. Tijdens een van deze ritjes wordt hij aangehouden door de politie: 'Meneer, voelt u zich wel goed?' Nadat Storm de politie uitlegt dat hij met Wim Hof de Kilimanjaro gaat beklimmen en dat hij daarvoor aan het trainen is met de kou, wensen de agenten hem lachend succes. De politie kent Wim al van lokale held Henk van den Bergh, die ook met de methode werkt en zijn reumatische klachten praktisch helemaal kwijt is.

De reis naar de Kilimanjaro is zwaar. Maar het lukt en Storm is overgelukkig. In het ziekenhuis wacht een maand later nog een verrassing: er zijn geen ontstekingswaarden te vinden in zijn ontlasting. Storm weet dat het komt door de ademhalingsoefeningen en de koudetraining.

Daarna leert Storm ook dat hij moet blijven oefenen. Want in zijn enthousiasme gaat Storm met zijn nieuwe energie aan de slag: harder werken, huis verbouwen en hij geeft veel aandacht aan zijn hoogzwangere vrouw. De oefeningen schieten er bij in en zijn ontstekingswaarden gaan weer omhoog. Crohn is terug. Er is echter wel een groot verschil met de constatering in 2008. Toen was Storm blij dat er een verklaring was: hij was patiënt. Nu is Storm blij dat hij weet wat hem te doen staat, omdat hij ervaren heeft hoe hij de ontstekingen kan aanpakken: Hoffen – zoals Storm de methode noemt.

In de periode daarna ervaart hij opnieuw dat hij zelf controle heeft over zijn lijf. Dat hij niet enkel afhankelijk is van een arts en medicatie. Zijn arts staat positief tegenover deze ontwikkeling en onderstreept

het belang van balans in het leven. De Wim Hof Methode helpt Storm bij het behouden van de balans en de methode geeft hem kracht om de controle over zijn leven te houden.
Storm is niet langer patiënt, ook al heeft hij de ziekte van Crohn.

• • •

Depressie

Dat bij auto-immuunziekte sprake is van aanhoudende ontstekingsreacties, die zich richten op het eigen weefsel, is bekend. Maar in de jaren tachtig viel immunoloog Hemmo Drexhage al iets opmerkelijks op: bij patiënten met auto-immuunziekten komen gedragsstoornissen zoals autisme en schizofrenie opvallend veel voor. Zou dat kunnen betekenen dat de aanhoudende ontstekingsreacties ook in de hersenen impact hebben? Drexhage dacht van wel, maar werd in het begin door psychiaters weinig serieus genomen in deze theorie. Ondertussen krijgt deze gedachte ook bij psychiaters steeds meer bijval.

Jop de Vrieze heeft er een mooi artikel over geschreven voor *NWT Magazine*. Hij schrijft dat sinds een paar jaar psychiatrische aandoeningen, met name depressie, autisme en schizofrenie, steeds vaker in verband worden gebracht met het immuunsysteem. De aandoeningen zouden ontstaan door sluimerende ontstekingen in het brein, die de aanleg of de werking van de hersenen verstoren. Een aanwijzing daarvoor is dat psychiatrische patiënten in hun bloed en in hun hersenen hogere concentraties hebben van cytokinen▸; signaalmoleculen van het immuunsysteem.

In de hersenen werkt het immuunsysteem anders dan in de rest van het lichaam. Het brein beschikt over zijn eigen immuuncellen, genaamd microglia▸. Dat zijn cellen die in actie komen wanneer de hersenen worden bedreigd. Althans, dat is hoe het hoort te werken. Bij mensen met psychiatrische klachten als depressie lijken de microglia constant in verhoogde staat van paraatheid te verkeren. Die situatie is rampzalig, want de microglia zorgen niet alleen voor afweer, ze onderhouden ook de verbinding tussen neuronen. Ze breken verbindingen af wanneer die overbodig zijn geworden, of leggen nieuwe aan waar ze nodig zijn. De microglia kunnen echter niet alles tegelijk. Dus als ze in actie komen omdat ze bedreigd worden, kunnen ze niet tegelijkertijd de verbinding tussen neuronen onderhouden. Hierdoor kunnen verbindingen tussen hersenen op den duur minder goed functioneren. Je kunt microglia eigenlijk vergelijken met een verkeersregelaar die het verkeer in goede banen leidt. Als een verkeersregelaar bedreigd wordt door een wesp en hij jaagt de wesp weg, dan wordt het verkeer niet meer in goede banen geleid en kan er chaos ontstaan. Het is voor je brein van belang dat de microglia niet continu bezig moeten zijn met – zogenaamde – dreiging.

Nederland hoort internationaal tot de gelukkigste landen ter wereld. Toch gebruiken bijna één miljoen mensen antidepressiva. Niet alleen tegen depressie, want antidepressiva worden ook voorgeschreven bij angst- of dwangstoornissen. Deze paradox bracht Trudy Dehue tot het schrijven van het boek *De depressie-epidemie*. Dehue relativeert in dat boek de effectiviteit van pillen, ze bestrijdt de jubelstemming uit de jaren tachtig toen men na de introductie van Prozac meende het farmacologische antwoord te hebben gevonden op depressie. Want wat weten we van depressies? Ligt de oorzaak van een depressie bij persoonlijke ervaringen die tot neerslachtigheid en apathie leiden? Of staat een depressie op zichzelf en is het een stoornis op hormoon- of neurotransmitterniveau? Er kunnen akelige ervaringen aan ten grondslag liggen, maar dat hoeft niet.

In welke mate ademhalingsoefeningen en koudetraining bij kunnen dragen aan mogelijk herstel en/of van verlichting van depressies zal de komende jaren onderzocht moeten worden. Hof werkt momenteel samen met een groot aantal psychiaters om te onderzoeken welke aanpak werkt, mogelijk in combinatie met medicatie.

....

Astma

Zoals hoge ontstekingswaarden een grote rol spelen bij reuma, de ziekte van Crohn en mogelijk depressie, speelt ontstoken slijmvlies een rol bij astma.
Konstantin Buteyko, de Oekraïense arts en wetenschapper uit het hoofdstuk Ademhaling, zei: 'Zonder (te) diepe ademhaling, geen astma.' Er is wel een goed beeld van wat er in het lichaam gebeurt bij een astma-aanval, maar waarom mensen astma krijgen is voor artsen nog steeds een raadsel. Volgens de *World Health Organisation* zijn er wereldwijd tussen de 100 en 150 miljoen astmapatiënten, in Nederland staan 430.000 mensen officieel bij hun huisarts geregistreerd als astmapatiënt. Op dit moment wordt astma vooral bestreden met symptoombestrijding: medicijnen als Ventolin geven snel lucht, maar brengen geen genezing. Buteyko claimde dat hij de werkelijke oorzaak van astma had ontdekt. Volgens hem is astma een reactie op chronische – vaak onbewuste – hyperventilatie. Wanneer je chronisch hyperventileert, raakt het lichaam te veel koolzuurgas kwijt (zie weer het hoofdstuk over ademhaling), wat ongunstig is omdat koolzuurgas een belangrijke rol speelt bij allerlei processen in het lichaam, zoals de opname van zuurstof door spieren en organen. Wanneer iemand langere tijd te veel ademt gaat het lichaam protesteren. Het lichaam kan proberen een verder verlies van koolzuurgas te voorkomen, door de uitademing moeilijker te maken. Bijvoorbeeld door de

spiertjes rondom de luchtwegen te spannen. Zoals bij een astma-aanval gebeurt. Buteyko ziet astma daarom als een verdedigingsmechanisme van het lichaam. Een poging om een verder verlies van koolzuurgas tegen te gaan. Dick Kuiper schreef er een boek over: *Leven onder astma*, en ademhalingsdeskundige Stans van der Poel deelt de mening over het belang van voldoende koolzuurgas.

Wat gebeurt er in je longen bij astma:

Kuiper legt in zijn boek uit dat je bij astma drie veranderingen kunt onderscheiden:

1 Verkrampte luchtwegspiertjes. De luchtwegen zijn de aan- en afvoerbuizen van onze ademhaling. Ze lopen tot diep in de longen door en voorzien de longblaasjes voortdurend van verse lucht. Rondom de luchtwegen zit het zogenaamde gladde spierweefsel. Bij astma kunnen de spiertjes verkrampen. Dat kan bovenin de longen gebeuren, maar de verkramping kan ook veel dieper in de longen plaatsvinden, bijvoorbeeld dicht bij de longblaasjes. Het gevolg is dat de luchtwegen afgekneld worden en dat ademhalen moeilijker wordt
2 Ontstoken slijmvlies. De luchtwegen zijn bekleed met een dunne laag cellen, die we het slijmvlies noemen. Dit slijmvlies kan ontsteken, bijvoorbeeld in reactie op stoffen die we inademen. Het zwelt op, dat bemoeilijkt het ademen.

3 Toegenomen slijmproductie. Het slijmvlies bestaat onder andere uit cellen die slijm produceren en uit trilhaarcellen. Samen zorgen ze ervoor dat de longen schoon en steriel blijven. Stof en bacillen slaan neer op het slijm, dat de binnenkant van een luchtweg bedekt. Vervolgens zorgen de trilhaarcellen ervoor dat het slijm afgevoerd wordt, richting de keel. Op deze manier worden de longen schoon gehouden. Bij astma kan het slijmvlies extra veel slijm produceren. Zoveel, dat de trilhaarcellen moeite hebben om het af te voeren. Het gevolg is opnieuw dat ademen moeilijker wordt.

De nadruk wordt bij astma gelegd op de ontsteking van de luchtwegen.

Interessant is dan natuurlijk wat hoogleraar klinische chemie Frits Muskiet over ontstekingen zegt, in reactie op het onderzoek van het Radboud UMC: ‘We leven door onze huidige leefwijze eigenlijk voortdurend in een lage graad van ontsteking. Je kunt zeggen dat we chronisch ontstoken zijn, maar omdat het een lage graad heeft, voelen we er niets van. We merken het niet, maar het is wel de voedingsbodem voor veel ziekten. De groep van Wim Hof heeft bewezen dat het mogelijk is om de ontstekingsreactie te onderdrukken.’

Terug naar astmapatiënten. Als een belangrijke verandering bij astma de ontsteking van de luchtwegen is, en we weten dat patiënten (die al meer dan drie keer per week een kortwerkende luchtwegverwijder gebruiken) wordt aangeraden om er een ontstekingsremmer bij te nemen, dan zou de Wim Hof Methode een mogelijke ontstekingsremmer kunnen zijn met minder bijwerkingen. Buteyko benadrukt het belang van minder diepe ademteugen en zegt dat inademen door de neus afdoende is, zo voorkom je dat je te diep gaat ademen. De ademhalingstechnieken van Hof, waarbij je heel diep inademt en langzaam uitademt lijken daar haaks op te staan. Toch zie je ná de oefeningen juist dat mensen rustiger ademen, en dat de koolzuurwaarden op peil zijn. Het grote verschil is dat je tijdens de oefeningen gecontroleerd ademt, terwijl mensen met astma juist ongecontroleerd te diep ademen.

Artrose

Ook artrose wordt sinds 2013 in verband gebracht met ontstekingen. Artrose is een progressieve ziekte waarbij het kraakbeen tussen de gewrichten verdwijnt. Dat doet pijn en je wordt er stijf van. In Nederland hebben ongeveer 1,2 miljoen mensen een vorm van artrose. De behandeling nu: pijnstillers en als het heel erg is, een nieuw gewricht. Lang werd gedacht dat artrose een probleem is van het kraakbeen zelf en dat het ontstaat door slijtage van de gewrichten. Dat klopt met de waarneming dat de ziekte vaak voorkomt bij ouderen en mensen met overgewicht; hun kniegewrichten zouden lijden onder de extra kilo's. Klinkt plausibel. Maar het vreemde is dat ook de gewrichten in de handen van mensen met overgewicht vaak aangedaan zijn. En dat kan niet verklaard worden door mechanische belasting, want de handen hebben de belasting van het gewicht niet. Lobke Gierman (1983) promoveerde op 18 juni 2013 op het proefschrift *Inflammation: a link between metabolic syndrome and osteoarthritis*. Gierman zegt na het onderzoek: 'We denken nu heel anders over artrose. Een milde ontstekingsreactie veroorzaakt door het overgewicht is waarschijnlijk belangrijk, vooral aan het begin van de ziekte.'

Diabetes type 2

De twee belangrijkste soorten diabetes zijn diabetes type 1 en diabetes type 2.

Eigenschappen van diabetes type 1:

- Het lichaam maakt zelf bijna geen insuline meer aan
- Het afweersysteem maakt per ongeluk de cellen die insuline aanmaken kapot.
- Mensen met diabetes type 1 moeten een paar keer per dag zichzelf insuline inspuiten, of een insulinepomp dragen.
- Het heette vroeger ook wel 'jeugddiabetes'.
- 1 op de 10 mensen met diabetes heeft diabetes type 1.

Eigenschappen van diabetes type 2:

- Het lichaam heeft insulineresistentie.
- Het lichaam reageert niet meer goed op insuline (ongevoeligheid voor insuline).
- Overgewicht en weinig beweging, maar ook oudere leeftijd, naast erfelijke aanleg, vergroten de kans op diabetes type 2.
- Mensen met diabetes type 2 krijgen meestal medicijnen, voedings- en bewegingsadviezen. Soms moet iemand ook insuline spuiten.
- Het heette vroeger ook wel 'ouderdomsdiabetes'. Maar het komt nu ook vaak bij jongere mensen voor.
- 9 van de 10 mensen met diabetes hebben diabetes type 2.

De laatste tijd krijgt niet alleen het verband tussen overgewicht en diabetes type 2 aandacht, maar ook het verband tussen ontstekingen enerzijds en diabetes type 2 en overgewicht anderzijds.

Het diabetesfonds plaatste dit bericht op de website.

> *Overgewicht speelt een belangrijke rol bij het ontstaan van diabetes type 2, omdat het lichaam bij overgewicht minder goed reageert op insuline. Er zijn sterke aanwijzingen dat ontsteking van het vetweefsel een rol speelt, en onderzoekers hebben dit nu verder uitgezocht.*

De onderzoekers toonden aan dat cytokine IL-1, een eiwit, een centrale rol speelt bij ontsteking in het vetweefsel. Ze hebben dit onderzocht in cellen, bij proefdieren en zelfs bij mensen. Bij overgewicht is het eiwit actiever, en dan vooral in buikvet. Bij muizen reageerde het lichaam weer beter op insuline wanneer dit eiwit werd geremd.

Ook ontdekten de onderzoekers een zusje van IL-1, namelijk IL-37, dat tegengestelde effecten heeft. Bij proefdieren zorgde IL-37 voor bescherming tegen ontsteking én tegen insulineongevoeligheid tijdens overgewicht. Een mogelijk nieuwe aanpak dus om diabetes type 2 te behandelen.
Nu deze resultaten bekend zijn, kan in de toekomst gekeken worden of de ontsteking kan worden teruggedrongen met medicijnen. Met als uiteindelijke doel om de insulinegevoeligheid te verbeteren.

Ook hier is weer een – indirect – verband gelegd tussen ontstekingen en een zogenaamde welvaartsziekte. En ook hier volgt meer onderzoek. Een aanmoediging om in het vervolgonderzoek ook kou en ademhaling een eerlijke kans te geven is gerechtvaardigd. Want hoewel we nog niet weten wat eerst komt, de ontstekingen, het overgewicht of de diabetes, is het een onderzoek meer dan waard.

Hoe zit het dan met ontstekingen en overgewicht?

Overgewicht

Ook overgewicht en ontstekingen blijken steeds vaker hand in hand te gaan. In Brisbane, Australië, is in 2013 aangetoond dat mensen met overgewicht een abnormale hoeveelheid van het ontstekingseiwit PAR2 in het vetweefsel van de buik hebben. Het onderzoek – gepubliceerd in het *FASEB Journal* – is uitgevoerd door David P. Fairlie, PhD. Het onderzoek vond plaats bij ratten en mensen met overgewicht, en de uitkomsten geven een nieuw inzicht in het verband tussen ontstekingen en overgewicht. Het eiwit PAR2 is zelfs verhoogd op de oppervlakken van humane immuuncellen bij gewone vetzuren in het dieet. Obese ratten, die veel suikers en vet te eten krijgen, hebben veel PAR2. Krijgen deze ratten echter een oraal geneesmiddel dat bindt aan PAR2, dan worden de ontstekingen die veroorzaakt werden door dit eiwit geblokkeerd. Net als de andere negatieve effecten van veel suikers en vet eten.

Onderzoeker Fairlie zegt daarover het volgende: ‘Deze belangrijke nieuwe uitkomst verbindt overgewicht, vet eten en veel geraffineerde suikers met veranderingen in immuuncellen en ontsteking. Dat verhoogt de aandacht voor het opkomende besef dat obesitas een ontstekingsziekte is.’ De onderzoeker aan het Instituut voor Moleculaire Bioscience bij de Universiteit van Queensland voegt daar nog aan toe: ‘Medicijnen die zijn ontworpen om bepaalde ontstekingseiwitten te blokkeren, zoals bij dit onderzoek, zouden kunnen dienen voor behandeling en voorkoming van obesitas, wat op haar beurt een belangrijke risicofactor is voor diabetes type 2, hartziekte, beroerte, nierfalen en kanker.'

Gerald Weissmann, MD en Editor in Chief van het *FASEB Journal* voegt daaraan toe: 'We weten dat te veel eten en te weinig bewegen dik maakt, en daarna obesitas veroorzaakt. We weten echter nog niet waarom. De *bottom line* van dit onderzoek is dat obesitas een ontstekingsziekte is, en ontstekingen een grotere rol spelen in de neerwaartse spiraal naar overgewicht dan veel mensen zich realiseren. Het lijkt erop dat zodra we de ontsteking kunnen controleren, we al het andere ook in lijn beginnen te krijgen. Gelukkig hebben deze wetenschappers alvast een veelbelovende verbinding geïdentificeerd die lijkt te werken.'

Goed. Het onderzoek uit Australië is interessant. De conclusie om medicijnen naar voren te schuiven die ontstekingseiwitten controleren, zoals de onderzoekers hierboven doen, lijkt met de effecten van ademhalingsoefeningen en kou alweer achterhaald. Anders eten, meer bewegen, ademhalingsoefeningen en koudetraining. Waarom niet? Dat kan wellicht ook de ontstekingseiwitten controleren.

Annemarie Heuvel ondervond dat zelf. Heuvel is een voormalig topwaterpoloster en nu eigenaar van het bedrijf TopsportConnect. Na haar leven als topsporter dook ze met al haar energie op haar nieuwe bedrijf. Veel gesprekken, veel reizen en veel eten, met als gevolg: overgewicht. Jarenlang probeerde ze verschillende diëten, maar nooit met het gewenste succes. Tot oud-ploeggenoot Marianne Peper haar enthousiasmeerde om met de Wim Hof Methode aan de slag te gaan. Het roer ging om en in combinatie met bewust eten van gezonde en zoutarme voeding, veel water te drinken en de WHM is Heuvel ondertussen 14 kilo kwijt en voelt ze zich weer topfit en metaal sterk.

Behalve de ontstekingen speelt ook bruin vet een belangrijke rol. Bruin vetweefsel wordt hoofdzakelijk gemaakt onder invloed van twee eiwitten (PRDM16 en BPM7), die worden geactiveerd wanneer je lichaam het koud heeft.

Zoals eerder beschreven heeft het lichaam twee soorten vetweefsel: wit en bruin vetweefsel. Wit vetweefsel wordt gebruikt voor vetopslag, terwijl bruin vetweefsel door baby's en andere zoogdieren wordt gebruikt om het lichaam op temperatuur te houden. Het is eigenlijk vreemd dat volwassen mensen nauwelijks nog bruin vetweefsel hebben, terwijl het zo'n waardevolle brandstof is. In koude gebieden hebben mensen die veel buiten

werken nog wel flink wat bruin vet, net als Hof.
Bruin vetweefsel wordt dus aangemaakt wanneer je lichaam het koud heeft. Het zorgt er tevens voor dat je lichaam weer een goede balans krijgt tussen vetopslag en vetverbranding. Dat komt omdat bruin vetweefsel, in tegenstelling tot wit vetweefsel, veel mitochondriën▸ bevat. Deze mitochondriën worden ook wel de energiecentrales van onze cellen genoemd. Door deze energiecentrales verbrandt bruin vetweefsel meer vet dan wit vetweefsel, dat nauwelijks mitochondriën bevat.

Samengevat: een koud lichaam zorgt voor een verhoogde productie van bruin vetweefsel. Het bruine vetweefsel zorgt vervolgens voor een verhoogde verbranding van vetten in de cellen. Hoe meer bruin vet, hoe meer je verbrandt en dus hoe meer kilo's je verliest.

In het verlengde van de verbranding is het ook interessant om te kijken naar wat er – mogelijk – gebeurt bij mensen met vermoeidheid.

Vermoeidheid

Met betrekking tot energiesystemen is de kijk van voormalig longfunctielaborante Stans van der Poel▸ op chronische vermoeidheid ook interessant. In haar boek *Chronische vermoeidheid nooit meer* schrijft ze dat op celniveau voedingstoffen worden verbrand, zoals vetten, eiwitten en koolhydraten. De energie is nodig voor alle spieren en organen, zowel bij inspanning als in rust. Voor verbranding is er een brandstof en zuurstof nodig, vergelijkbaar met een vuurtje. Zuurstof zit in de lucht die wordt ingeademd en wordt opgenomen door de longen. Vervolgens wordt het door het bloed vervoerd naar alle lichaamscellen in spieren en organen.

ATP▸ (adenosinetrifosfaat) is de primaire energiebron voor het lichaam. Wanneer ATP wordt afgebroken komt er energie vrij. ATP is een relatief groot en zwaar molecuul en het is onmogelijk de hele energiebehoefte in deze vorm op te slaan. Daar heeft het lichaam een efficiënte oplossing voor, er zijn namelijk verschillende energiesystemen die allemaal op een andere manier energie leveren in de vorm van ATP. Een mens heeft voor verschillende inspanningsniveaus vijf verschillende voorraadpotjes, die op hun eigen manier ATP leveren:

- Vet
- Glucose (aerobe verbranding)
- Glycolyse (anaerobe verbranding)
- Creatinefosfaat (CP)
- Vrij ATP

De energiebehoefte hangt af van de intensiteit waarmee je je inspant. Elk voorraadpotje heeft een andere inhoud en beschikbaarheid. Het is goed om je te realiseren dat de verschillende energiesystemen altijd samenwerken, maar dat de relatieve bijdragen per systeem verschillen, afhankelijk van de duur en de intensiteit van de inspanning.

Hoe lager de belasting, hoe meer je energiezuinige vetten als brandstof aanspreekt en hoe intensiever de belasting, hoe meer je naar de vrije ATP gaat. De energie die gegenereerd wordt komt vrij door de afbraak van organische verbindingen. Dit kan plaatsvinden met zuurstof (aeroob) of zonder zuurstof (anaeroob).

De vetvoorraad is – met afstand – het grootst. Ook als je helemaal niet dik bent. De vetvoorraad is geschikt voor langdurige en lichte inspanning, want de energie komt langzaam vrij. Wanneer het lichaam echter snel om energie (ATP) vraagt, zijn deze aerobe processen te langzaam en zal glucose zonder zuurstof worden afgebroken. Dit chemische proces, waarbij energie dus op een andere manier vrijkomt, is anaeroob en wordt glycolyse genoemd.

Bij extreem intensieve inspanningen maakt je lichaam gebruik van het vrije ATP en creatinefosfaat▸ (CP) in de spier. De kleine hoeveelheid CP die in een spier ligt opgeslagen kan energie leveren voor tien tot dertig seconden. In elke spier ligt ook een klein beetje vrij ATP opgeslagen, slechts voor twee tot vier seconden, bijvoorbeeld bij een korte krachtsexplosie.

Terug naar de vermoeidheid.

Ook al is het lichaam in rust, of levert het maar weinig inspanning, het verbruikt toch de hele dag door energie. Vrij ATP en CP, daar heb je niet zoveel aan voor een hele dag werk, of fysieke arbeid. Glucose en glycogeen heb je voor een uur, topsporters tot maximaal twee uur. En vetten, daar heb je genoeg van voor dagen, zoals hongerstakers bewijzen. Een gezond lichaam verbrandt bij lichte inspanning eerst het vet dat in de spieren ligt opgeslagen en later wordt de vetvoorraad uit het onderhuidse vetweefsel aangesproken. Na de inspanning wordt de vetvoorraad in de spieren weer aangevuld vanuit het vetweefsel. De glucosevoorraad wordt aangesproken naarmate de inspanning zwaarder is.

Uit testresultaten blijkt echter dat chronisch vermoeide patiënten ook in rust al gebruikmaken van hun suikervoorraad, in plaats van hun vetvoorraad. Bij zowel burn-out, chronisch vermoeidheidssyndroom (CVS), de ziekte van Pfeiffer, fibromyalgie- als ook ME-patiënten geeft het lichaam in rust waarden alsof er een zware inspanning wordt geleverd. Dus terwijl de vermoeide patiënt denkt dat hij in rust is, is het lichaam aan het werk, wordt de voorraad niet goed aangevuld en raakt het lichaam uitgeput. Het lichaam is een suikerverbrandingsmachine geworden. Zo is het vetpercentage van CVS-patiënten relatief hoog, terwijl ze toch slank kunnen zijn. Dat komt doordat de vetvoorraad niet wordt aangesproken. De suikervoorraad wordt zelfs ‘s nachts aangesproken, dus ook in de ochtend voelen deze mensen zich uitgeput.

Een belangrijke schakel bij het ‘aanstaan’ van het lichaam is de ademhaling. Van der Poel legt een verband met een verstoorde verhouding zuurstof en koolzuurgas in het bloed. Een tekort aan koolzuurgas in het bloed is volgens haar de bron van een verhoogde pH-waarde. En dat komt door een ontregelde ademhaling: te snel of te diep ademen. Dat ligt weer in de lijn met Buteyko, die ter sprake kwam bij het onderwerp astma.

De ademhalingsoefeningen en de mogelijkheid om bruin vet te mobiliseren als brandstof kunnen ook bij mensen met vermoeidheidsklachten een goede werking hebben.

‘Twitterklachten’

Bij het afronden van dit boek plaats ik een bericht op Twitter:

‘Een boek aan het afronden met @Iceman_Hof. Wie is van klacht afgekomen met de WHM, en vindt dat het in het boek thuishoort?’

Nu is Twitter niet mijn favoriete medium, maar ik ben benieuwd of er nog reacties komen over aandoeningen of klachten die tijdens de interviews en mijn zoektocht niet ter sprake zijn gekomen.

En er komen inderdaad nog reacties binnen die ik met je wil delen. Het zijn geen heftige ziektes en ik heb onderstaande klachten niet getoetst bij artsen, maar het zijn reacties van gebruikers die enthousiast zijn. En omdat ademhalingsoefeningen en koudetraining geen dure medicijnen zijn met flink wat bijwerkingen, maar prima zelf te proberen zijn, kun je het eenvoudig uitproberen.

Spataderen

Bloedvaten die blauwpaars door de huid schijnen worden spataderen genoemd. Het kunnen kleine bloedvaatjes zijn of grotere opgezwollen vaten, die als knobbels zichtbaar zijn. Hoe spataderen ontstaan is niet helemaal duidelijk, het heeft waarschijnlijk met een aantal dingen te maken. Het hart pompt bloed via de slagaderen naar alle delen van je lichaam. Via de aderen stroomt het bloed weer terug naar het hart. Als je nu je kuitspieren aanspant, worden de aderen in je kuit samengedrukt. Omdat er in de aderen van je benen klepjes zitten, kan het bloed niet naar beneden stromen, maar wordt het omhoog geperst, in de richting van je hart. Het kan zijn dat het bloed uit je benen toch niet goed naar je hart terugstroomt. Er komt dan meer bloed in je beenaderen te staan, de druk in de aderen wordt hoog, de aderen worden wijder en de kleppen in die aderen sluiten niet goed meer. Slecht werkende kleppen zorgen ervoor dat het bloed niet goed meer naar boven kan stromen, dat geeft weer meer ophoping van bloed: de aderen zetten nog verder uit. Zo kunnen spataderen ontstaan. Aambeien zijn overigens ook spataderen, maar dan in de anus.

Na mijn bericht op Twitter komt een aantal reacties binnen van mensen die – tegen hun verwachting in – van hun spataderen af zijn gekomen door de training met kou.

Koude handen en koude voeten

Door koud te douchen heb je ook minder last van koude handen en voeten. Dat klinkt wat paradoxaal, maar het is heel logisch. Door de extreme kou gaat je lichaam stoken, je kunt dat vergelijken met het aanzetten van de thermostaat. Is de kou afgelopen, omdat je de douche uitzet, dan blijft je lichaam toch doorstoken. Niet alleen de kou, maar ook de ademhalingsoefeningen doen hun werk bij koude handen en voeten. Want je kunt koude handen en voeten krijgen door een ontregelde, snelle ademhaling. Het klinkt vreemd, maar het is echt waar. Met een snelle ademhaling adem je namelijk te veel koolzuurgas uit. Een goede verhouding tussen zuurstof en koolzuurgas in je bloed is 3:2; door een snelle ademhaling stoot je te veel koolzuurgas uit en verschuift deze verhouding. Met te weinig koolzuurgas vernauwen vervolgens je vaten, daardoor is de doorbloeding minder goed en dat merk je direct bij de uiteinden: je handen en voeten.

Sleutel om stokoud te worden

Na mijn oproep op Twitter krijg ik een artikel uit het *Algemeen Dagblad* toegestuurd waarin een onderzoek staat beschreven naar ibuprofen. De kop luidt:

IBUPROFEN LIJKT SLEUTEL OM STOKOUD TE WORDEN.

Een onderzoek met dit medicijn is gedaan bij gist, schimmels en wormen.
Niet direct een onderzoek waar mijn hart sneller van gaat kloppen. Maar de uitslagen in relatie met – opnieuw – een link naar ontstekingsremmers zijn interessant.

Het *lijkt* dat het medicijn de veroudering aanzienlijk vertraagt, iets wat onderzocht is bij gist, wormen en vliegen. Wetenschappers van onder meer Texas A&M University gaven gist, wormen en vliegen gedurende drie jaar dagelijks een dosis ibuprofen die vergelijkbaar is met de dosis die mensen zouden slikken. Het leven van gist bleek door ibuprofen met 17 procent te worden verlengd. Vertaald naar mensen zou dit uitkomen op 12 jaar. Ook wormen en vliegen leefden aanzienlijk langer, ongeveer 10 procent. Bovendien bleken ze die extra jaren ook nog eens in goede gezondheid door te brengen. 'Veelbelovende resultaten,' vindt hoogleraar celbiologie Ellen Nollen van het UMC in Groningen. Ibuprofen werd al eerder in verband gebracht met een kleinere kans op ouderdomsziekten als Alzheimer. 'Kennelijk zit er iets in wat op een andere manier in de cel ingrijpt dan andere levensverlengende methoden. Dit is erg de moeite waard om verder te onderzoeken.' Ibuprofen verlicht pijn en helpt tegen koorts en infecties. Nollen pleit voor meer onderzoek. Dat zeggen wetenschappers wel vaker, maar in dit geval lijkt het een terechte suggestie.

Antistress in het nu

'De kou brengt me steeds volledig en intens terug naar het nu. In situaties van stress of veel "in het hoofd zitten" neem ik vaak een koude douche. Hetzelfde werkt ook bij vermoeidheid, voor een energie-shot,' schrijft Léon Dantuma. Er zijn veel reacties die in dezelfde lijn liggen. Meer contact met je lichaam, meer ontspanning en het ontstrest. Klinkt logisch, hoewel het soms ook wat wollig is. Toch is het een aanmoediging, ook voor gezonde mensen, om het gewoon eens te proberen.

Een goede gezondheid, beschutting, eten en drinken. Meer heeft een mens niet nodig om gelukkig te zijn, zou je zeggen. Toch zijn er bosjes mensen met een huis, voldoende eten en drinken en een goede gezondheid, die zenuwpezig en gejaagd de hele dag 'in het hoofd zitten' en vooral bezig zijn met wat er allemaal nog moet. Zonde. Fris jezelf eens op, neem een koude douche en kijk wat dat doet.

30 dagen zelf doen. Echt.

Een boek lezen is leuk. Maar als deze kennis nu op intellectueel niveau blijft hangen, zonder dat je er iets mee gaat doen, dan is dat jammer. De ademhalingsoefeningen, oefenen met kou en inzet – je hebt gelezen wat het je kan brengen.

We willen je daarom aanmoedigen om dertig dagen lang écht aan de slag te gaan met ademhalingsoefeningen en kou.

Doe dagelijks de ademhalingsoefening:

- Adem diep in, naar je buik
  Adem langzaam uit
  Adem diep in, naar je buik
  Adem langzaam uit
  Adem diep in, naar je buik
  Adem langzaam uit
  Adem diep in, naar je buik
  Adem langzaam uit

  Herhaal dit in totaal 30 keer.

> Adem dan volledig uit, heel diep in, nog een keer ontspannen uit en dan: wachten.

Je ademt dus diep in, en ongeforceerd en langzaam uit. Door niet alles uit te ademen, kom je tot het punt waarin een residuale hoeveelheid lucht in de longen achterblijft. Na dertig keer zet je de ademhaling vast, je wacht met inademen, tot je de behoefte voelt om opnieuw in te ademen. Dit gaat net zo lang door tot je tintelingen voelt, licht in je hoofd wordt of loom.

Om te controleren of je lichaam verandert, kun je meten hoe lang je kunt stoppen met ademen. Houd je adem in en kijk hoe lang je het volhoudt. Herhaal dat ook na de ademhalingsoefeningen van Hof. Als je dat steeds langer kunt, dan is het goed.

Koude douche

Douche warm, zoals je dat altijd doet. Begin dan – met de warme douche nog aan – ademhalingsoefeningen te doen. Adem in en verleng rustig je uitademing. Herhaal dit een paar keer en zet dan de warme kraan uit. Probeer rustig te blijven ademen. Blijf een minuut onder de koude douche. In de tweede week kun je één keer twee minuten koud blijven douchen. In de derde week kun je één keer drie minuten koud blijven douchen. En in de vierde week kun je één keer vijf minuten koud douchen, zelfs zonder warme douche.

Verder is het goed om één keer per week je handen en voeten een ijsbad te geven. Pak een teiltje, vul dat met koud water en doe er vervolgens ijsblokken of ijsklontjes in. Heb je geen vriezer? Dan kun je gewoon ijsklontjes halen bij de supermarkt. Houd je handen twee minuten in het ijswater en ga er dan met je voeten in staan.

Dag	Koud douchen	Ademhalings oefening	Retentie pauze
1			
2			
3			
4			
5			
6			
7			
8			
9			
10			
11			
12			
13			
14			
15			

Dag	Koud douchen	Ademhalings oefening	Retentie pauze
16			
17			
18			
19			
20			
21			
22			
23			
24			
25			
26			
27			
28			
29			
30			

Wil je liever een keer in een ijsbad of wil in je in de winter in koud natuurwater zwemmen? Dan juichen we dat natuurlijk van harte toe. Wel is het goed om dat onder begeleiding te doen van iemand met ervaring.

Nawoord

17 december 2014. Ik loop in mijn zwembroek en een T-shirt door de Admiraal de Ruyterweg in Amsterdam. Het is 2 °C, er waait een gemeen koude wind en er dwarrelt natte sneeuw uit de lucht. Ik loop van mijn huis richting de Admiralengracht, om een duik te nemen. Eenden zwemmen in de gracht, die hebben geen last van de kou en ik doe mijn T-shirt uit.

‘Ga jij zwemmen?’ Ik hoor een stem en kijk achterom. Een man met zijn sjaal hoog opgetrokken tot over zijn mond, een muts op en een dik regenjack aan kijkt me verbaasd aan. ‘Nou, echt zwemmen is het niet,’ antwoord ik. ‘Ik plons in het water en ik dobber een minuut of vier, vijf in de gracht en dan stap ik er weer uit.’ De man kijkt me met grote ogen aan. ‘Dat is levensgevaarlijk hoor, weet je wel hoe koud het is?’ Dat weet ik precies, want ik heb ’s middags nog gemeten. ‘Vier graden,’ antwoord ik.

De man is er niet gerust op en wil niet dat hij een dag later in *Het Parool* leest dat er een man onderkoeld overleden is in de Admiralengracht. Dus hij blijft wachten. Mijn uitleg over Wim Hof, het schrijven van dit boek en oefenen met de kou overtuigt hem niet helemaal, maar zijn interesse is wel gewekt. Hij vraagt of hij me mag filmen. Dat vind ik best en ik laat me de gracht inzakken.

Na een minuut of twee is de man echt enthousiast. Ik dobber blijmoedig rond en geef rustig uitleg over bloedvaten en het positieve effect van de kou. En dat gewoon gratis, praktisch in onze achtertuin. De man belt – opgewonden – zijn broer. Met drukke armgebaren roept de man uit dat er écht iemand in de gracht zwemt en dat hij moet komen kijken. Het is erg koud, het sneeuwt én er dobbert iemand in de gracht. Als ik de gracht uitstap en rustig mijn T-shirt aantrek, komt inderdaad zijn broer aangelopen. Drijfnat ben ik en met de ijskoude wind begin ik het koud te krijgen. Ik wil naar huis, maar de broers stellen mij de ene vraag na de andere. Hoe kan dit? Waarom doe ik dit? Moeten zij het ook doen? Voor wie is dit goed? Kan iedereen dit? Ik geef – waar mogelijk – antwoord op hun vragen. Want hun enthousiaste nieuwsgierigheid wil ik wel bevredigen. De mannen lopen weg en roepen na dat ze het boek zeker gaan lezen als het eenmaal in de winkel ligt. Op dat moment duurt dat nog maanden.

Ik ga naar huis, warm op met een kop thee en snap hoe leuk en dankbaar de taak van Wim Hof is, om nieuwsgierige mensen kennis te laten maken met kou.

Een week later ga ik weer de Admiralengracht in. Tien uur 's avonds, het is droog, maar nog steeds koud. Ik laat me de gracht inglijden, het is donker en er is niemand op straat. Als er vijf minuten voorbij zijn ga ik naar de kant.
'Wat bent u aan het doen meneer?' vraagt een zware stem van dichtbij.

Twee politieagenten kijken me wantrouwig aan, ze willen duidelijk snel een verantwoording. Ik leg uit dat ik een boek aan het schrijven met Wim Hof, beter bekend als The Iceman, en dat ik natuurlijk zelf ook een beetje moet oefenen. De agenten lijken niet erg tevreden met deze uitleg en met mijn 'grachtenzwemmerij'. Of ik niet weet hoe smerig dat water is. Daar had ik natuurlijk ook wel mijn bedenkingen bij, maar het Amsterdamse grachtenwater is de laatste jaren flink schoner geworden. De agenten zijn nog steeds niet erg blij, en zeggen dat het helemaal niet mag, zwemmen in de grachten. Nu kijk ik de agenten een beetje verbaasd aan. Mag je niet zwemmen in de grachten? Daar had ik dan weer helemaal geen rekening mee gehouden. Er zijn in de Provincie Noord-Holland 124 officiële zwemplekken en de Amsterdamse grachten zitten daar niet bij.
'Oh,' antwoord ik. Met een waarschuwing mag ik naar huis, maar ik mag me daar niet meer laten zien.

Ik ga naar huis, warm me opnieuw op met een kop thee en begrijp hoe moeilijk Wim Hof het heeft met sceptici en mensen die moeite hebben met zijn bijzondere verrichtingen.

Wat ik vurig hoop met dit boek is dat mensen de positieve effecten van kou gaan herontdekken. Dat dit boek een brug slaat tussen Wim Hof en 'gewone' lezers. Hof gaat ver en zijn enthousiasme komt uit zijn tenen. Dat kan goed werken, maar het kan mensen ook afschrikken. Met dit boek laten we zien dat je niet naar IJsland hoeft om de effecten van kou te ervaren. Ik zocht tijdens het schrijven ook extremen op – hoewel natuurlijk lang niet zo erg als Hof – door in de gracht te gaan zwemmen in de winter. Maar een koude douche volstaat ook.

Voor nu een warme en een koude groet.

Koen de Jong
Nederhorst den Berg, februari 2015

Dankwoord

Wim Hof

Wie moet ik bedanken? Vrijwel iedereen. Dank komt uit het binnenste van ons. Die kracht onderscheidt ons van oppervlakkigheid. Een wonder hoe mijn boodschap zich verspreidt over de wereld. Iets zo eenvoudigs, maar tegelijkertijd oer- en oersterk. Geloof in jezelf en de natuur dankt je, die van jou, iedereen en onze mooie planeet. Ik bedank vooral iedereen die mij een warm hart heeft toegedragen. Met hen zullen we de kou van ziekte en machteloosheid met succes verder bedwingen.

Koen de Jong

In de eerste plaats wil ik iedereen bedanken die ik mocht interviewen voor dit boek. In het bijzonder bedank ik Mark Bos, Marianne Peper, Mathijs Storm, Richard de Leth en Jack Egberts voor hun openhartige verhalen. Henk van den Bergh is niet als portret in het boek terecht gekomen, maar ik wil hem wel bedanken voor zijn motiverende enthousiasme.

Ook wil ik in het bijzonder professor dr. Pierre Capel bedanken voor zijn tijd, geduld en bijdrage aan het hoofdstuk over de wetenschappelijke onderbouwing. Het waren leerzame ochtenden en ook de avond samen met René Gude was bijzonder en leerzaam.

Ook Stans van der Poel wil ik bedanken. Ze bracht me in contact met Pierre Capel, zonder haar was ik de biochemicus nooit op het spoor gekomen. Ook bedank ik haar voor de bijdrage in het hoofdstuk over ademhaling.

Enahm Hof, dank voor de koffie en de bijzondere reis naar Polen. *Keep up the good work*.

Verder wil ik voor de goede samenwerking en bijdragen aan dit boek bedanken: Bart Pronk, Robert Schraders (voor de hulp toen ik mijn auto in de prak reed), Rob van Eupen, Bram Bakker, dr. Geert Buijze, Linda Koeman, Maarten de Jong, Mark Zuurhout, Isabelle Hof (die de methode al had beschreven) en mijn blogjuf Kitty Kilian.

En de drie van 241: Pauline Overeem, Palden Lama Overeem en Marin Koenszoon Overeem.

Verder lezen

In dit boek hebben we geprobeerd zo volledig mogelijk te zijn. Je kunt met de kennis en tips prima zelf aan de slag. Voor degenen die meer willen weten: ter verdieping vind je hieronder enkele websites en boeken.

Websites

www.innerfire.nl
De website van Wim en Enahm Hof bevat het laatste nieuws over het wetenschappelijk onderzoek naar de methode. Ook vind je hier Hofs agenda met lezingen, workshops en reizen.

www.wimhofmethod.com
Hier vind je een online cursus waarbij je stap voor stap tien weken lang wordt meegenomen in de methode. Er zijn video's en instructies over de ademhalingsoefeningen en de koudetraining van Hof, en je kunt online vragen stellen over de methode en je eigen ervaringen.

www.coolchallenge.nl
Op deze site staan de uitslagen van het onderzoek van het Academisch Medisch Centrum Amsterdam over het koud (af)douchen dat in januari 2015 plaatsvond. Ook lees je hier met regelmaat blogs en achtergrondartikelen over de voordelen van kou.

www.sportrusten.nl
Op deze site vind je informatie over ademhaling en ademhalingsoefeningen in rust, ter ontspanning. Ook is op sportrusten.nl een eenvoudige test om te kijken hoe vaak je nu ademt.

www.pubmed.com
Dit is een online bibliotheek met veel wetenschappelijke onderzoeken, onder andere over kou, ademhaling en hartslagvariabiliteit.

Literatuur

Uw brein als medicijn – David Servan-Schreiber (Kosmos Uitgevers 2003)

Verademing – Bram Bakker en Koen de Jong (Uitgeverij Lucht 2009)

Yoga, immortality and freedom – Mircea Eliade (Bollingen-Princeton 1954)

De parasympaticus, in relatie met stress, geestelijke en lichamelijke ziekten – Pieter Langendijk en Agnes van Enkhuizen (Ankh Hermes 1989)

De adem van het leven – Max Strom (Ankh Hermes 2010)

Leer ons stil te zitten – Tim Parks (2010 Arbeiderspers 2010)

Woordenlijst

Ademfrequentie ▸ Dit is het aantal keer dat de mens ademt in één minuut. Een inademing en een uitademing tellen samen als één ademhaling.

Aerobe dissimilatie ▸ Aerobe dissimilatie betreft de verbranding van organische moleculen. Vaak is dat glucose, want dat is een veelgebruikte energiebron in organismen. Bij aerobe dissimilatie van glucose worden glucosemoleculen volledig afgebroken, waarbij koolzuurgas- en watermoleculen worden gevormd.

Aorta ▸ De aorta wordt ook wel de grote lichaamsslagader genoemd. Hij vormt de begrenzing met de linkerkamer van het hart, langs de wervelkolom naar de buik. Bij een volwassen mens heeft de aorta een diameter van twee tot drie centimeter en in rust stroomt er ongeveer vijf liter bloed per minuut doorheen.

Ashram ▸ Een ashram is een Indiase naam voor een leefgemeenschap en ontmoetingsplaats voor aanhangers van religies uit India – vaak wordt deze gebruikt als religieuze studiegemeenschap. Het betreft vaak een klooster of een andere plaats van religieuze betekenis in het hindoeïsme. Meestal is een ashram een plaats waarbij men ervan uitgaat dat er een heilige leeft. Van oudsher waren de ashrams ver buiten de gewone wereld gevestigd.

ATP ▸ Dit is een afkorting van adenosinetrifosfaat en het vervult een sleutelrol als drager van chemische energie. De ATP-concentratie bedraagt in een cel tussen de 1 en 10 millimolair. Een mens van 70 kilogram verbruikt ongeveer 65 kilogram ATP per dag, terwijl de hoeveelheid ATP op één moment slechts 50 gram bedraagt: dat heet vrij ATP. In de cel wordt dus continu ATP gevormd.

Autodidact ▸ Dit is iemand die zijn kennis door zelfstudie, en los van iedere begeleiding door een educatieve organisatie of persoon, heeft verkregen. De term wordt vooral gebruikt bij kennisniveaus waarbij een gedegen opleiding wordt verwacht, zoals een universitaire of andere hogere studie.

Auto-immuunziekte ▸ Bij een auto-immuunziekte valt het lichaam zichzelf aan en is de mens dus eigenlijk zijn eigen ziekteverwekker. Een auto-immuunziekte ontstaat wanneer het immuunsysteem, bedoeld om ongewenste gasten te weren, lichaamseigen weefsel voor vreemd aanziet. Het lichaam denkt dat het te maken heeft met vijanden en schakelt het afweersysteem in. Het immuunsysteem gaat aan de slag om antistoffen tegen deze cellen en stoffen te vormen. We worden dus ziek, omdat ons lichaam ons probeert te beschermen tegen onszelf.

Autonoom zenuwstelsel ▸ In het autonoom zenuwstelsel wordt onder andere de temperatuur geregeld, de hartslag, de bloeddruk, de ademhaling en of de vaten open- of dichtgaan. Ook onze darmen worden aangestuurd vanuit het autonoom zenuwstelsel. De term autonoom suggereert dat we er zelf geen invloed op uitoefenen, maar Wim Hof toonde aan dat dat dus wel degelijk kan. Het autonoom zenuwstelsel bestaat uit twee delen: sympaticus en parasympaticus.

Bloedcellen, rode en witte ▸ Rode bloedcellen (erytrocyten) vormen het grootste bestanddeel van de bloedcellen. Zij vervoeren de zuurstof door het lichaam met behulp van hemoglobine: een eiwit dat via ijzer zuurstof aan zich kan binden en daardoor een ideaal transportmiddel voor zuurstof is. Een tekort aan hemoglobine en ijzer noemen we bloedarmoede.
Witte bloedcellen (leukocyten) hebben vooral een functie bij de afweer tegen alles wat lichaamsvreemd is. Bij een bloedtransfusie kunnen de witte bloedcellen afweerstoffen aanmaken tegen de witte bloedcellen

van het donorbloed. In het gunstigste geval merken we daar als patiënt niets van. Maar vaak veroorzaken de afweerstoffen koortsreacties of andere, nog ernstiger bijverschijnselen. Daarom worden de witte bloedcellen zoveel mogelijk uit het gedoneerde bloed gefilterd. Dit filteren gebeurt bij alle bloedgiften en heet leukocytendepletie (ALD).

Bloedplaatjes ▸ Bloedplaatjes (trombocyten) zorgen ervoor dat bloed stolt. Ontstaat er ergens een beschadiging van een bloedvat, dan hechten de bloedplaatjes zich aan de bloedvatwand en aan elkaar. Zo vormen ze een korstje dat het lek dicht. Bij iemand met een tekort aan bloedplaatjes kunnen flinke bloedingen ontstaan.

Bruin vetweefsel ▸ Dit is een van de twee typen vetweefsel dat in zoogdieren wordt aangetroffen. In tegenstelling tot wit vetweefsel, dat voornamelijk werkt als opslagruimte voor vetten, is de primaire functie van bruin vetweefsel het voortbrengen van lichaamswarmte door de verbranding van vetzuren en glucose. Bruin vet dankt zijn naam aan de grote hoeveelheid mitochondriën die deze vetcellen bevatten, vele malen meer dan de vetcellen in wit vetweefsel, waardoor het bruin van kleur lijkt. Bruin vetweefsel komt alleen voor bij zoogdieren.

Buteyko ▸ Buteyko (Oekraïne, 1923-2003) is de bedenker en naamdrager van de Buteyko-methode. Hij stelde vast dat een tekort aan koolzuurgas (CO^2) in de longblaasjes de aanzet vormt in het proces van krampachtige vernauwing van bloedvaten (hypertensie) en bronchiën (astma). Het inzicht in dit proces leidde tot de behandelingsmethode die als de Buteyko-methode bekend is geworden.

Chromosomen ▸ Een chromosoom is een DNA-molecuul en bevat alle erfelijke informatie van een individu. Alle lichaamscellen van een individu bevatten dezelfde chromosomen. De erfelijke informatie is opgeslagen in de vorm van DNA-strengen. De stukken DNA die informatie bevatten, noemen we genen. Genen bevinden zich, als je naar individuen binnen dezelfde soort kijkt, altijd op dezelfde plaats in een chromosoom.

Conditioneren ▸ Dit is een vorm van leren, waarbij het koppelen van twee stimuli ervoor zorgt dat de reactie op een van deze stimuli verandert. Deze vorm van leren werd voor het eerst beschreven door een Russische onderzoeker met de naam Ivan Pavlov. Tijdens een onderzoek naar de spijsvertering bij honden ontdekte Pavlov dat het aanmaken van speeksel bij de honden al plaatsvond voordat hij ze eten gaf. Vervolgens deed hij verder onderzoek naar dit gegeven, om te kijken of hij de honden onbewust kon aanleren speeksel aan te maken. Dit deed hij door een bel te laten rinkelen, vijf seconden voordat hij de honden eten zou geven. Wanneer dit een paar keer wordt herhaald blijkt dat de honden het belletje aan eten koppelen. Dit houdt in dat de honden al speeksel aanmaken wanneer het belletje begint te rinkelen, zonder dat er eten aanwezig is.

Cortisol ▸ Cortisol wordt ook wel het stresshormoon genoemd, omdat het vrijkomt bij elke vorm van stress, zowel fysiek als psychologisch. (Het is overigens niet het enige stresshormoon.) Dit hormoon zorgt ervoor dat bepaalde eiwitten in spieren worden afgebroken – hierbij komen aminozuren vrij waarvan weer glucose (energie) kan worden gemaakt. Deze energie wordt gebruikt om het lichaam weer terug in evenwicht te brengen; op het moment van stress komen adrenaline en noradrenaline vrij om het lichaam alerter te maken en klaar om te vechten of vluchten. Cortisol zorgt ervoor dat dit verlies van energie weer wordt gecompenseerd.
De productie van cortisol in het lichaam volgt een biologisch ritme, dat wil zeggen dat de productie niet op elk moment van de dag gelijk is. Tijdens het ontwaken komt er meer cortisol vrij. Dit zorgt voor een hongergevoel. De aanmaak vindt plaats in de bijnierschors.

Corticosteroïden ▸ Dit is een ontstekingsremmend medicijn dat lijkt op een hormoon dat het lichaam aanmaakt in de bijnierschors. Als medicijn kan het helpen tegen klachten en gewrichtsschade bij reuma. Vaak wordt Prednison of Prednisolon voorgeschreven.

Creatinefosfaat ▸ Creatinefosfaten behoren tot het anaerobe metabolisch systeem. Het is een energierijke stof die zich in de spiercellen bevindt. Creatinefosfaten komen van nature in het lichaam voor en zitten ook in voedingsmiddelen als vlees en vis. Creatinefosfaten zorgen voor het samentrekken van de spieren, op het moment dat we beginnen met bewegen. Bij intensieve lichamelijke beweging maakt creatinefosfaat snel energie vrij via een chemische reactie. Hierbij wordt het fosfaat afgesplitst. De vrijgekomen energie gebruiken we voor het samentrekken van de spieren. Vervolgens komt een deel van de creatine in de bloedbaan terecht, die we via urine weer uitscheiden. Het andere deel wordt via de lever opgenomen door de spieren, om weer energie te kunnen leveren. Het is dus een regenererend systeem.

Cytokinen ▸ Een cytokine is een molecuul dat een rol speelt bij de immuunafweer en het activeren van bepaalde receptoren. Er bestaan verschillende soorten die uitgescheiden worden door verschillende soorten lichaamscellen. Sommige soorten worden alleen uitgescheiden door geactiveerde cellen tijdens een immuunrespons, andere worden continu geproduceerd. Ook de hoeveelheid cytokinen varieert: sommige hoeveelheden uitgescheiden cytokinen werken alleen lokaal, andere door het hele lichaam.

Fast-5 diet ▸ Een 'dieet' dat (her)ontdekt is door voormalig luchtmachtarts Bert Herring. Het is een eetpatroon waarbij je slechts gedurende vijf uur per dag eet, de overige uren geef je je darmen rust.

Glucose ▸ Dit is een van de belangrijkste brandstoffen van het menselijk lichaam. Glucose wordt echter niet als zodanig opgeslagen, maar wordt omgezet in glycogeen, een polymeer van glucosemonomeren dat in de spieren en de lever wordt opgeslagen (ongeveer 100 gram). Glucose is zelf niet geschikt voor opslag in het lichaam.

Haarvaten ▸ Een haarvat is een bloedvat dat spreekwoordelijk zo dun is als een haar, maar feitelijk nog veel dunner is.

Hartslagvariabiliteit ▸ Dit verwijst naar de variatie in tijd tussen twee opeenvolgende hartslagen. De hartslagvariabiliteit is een goede indicator van stress.

Hemoglobine: Hemoglobine is een eiwit dat in het bloed van de mens en veel andere dieren voorkomt. Rode bloedcellen zijn voor eenderde deel gevuld met hemoglobine. Hemoglobine verbonden met zuurstof (oxyhemoglobine) geeft bloed zijn rode kleur. In rode bloedcellen is hemoglobine verantwoordelijk voor het transport van zuurstof (O_2) en koolzuurgas (CO_2) door het bloed.

Hypofyse ▸ Dit belangrijke orgaan in ons hoofd, ter grootte van een erwt, heeft een doorsnede van ongeveer 1 cm. Ze weegt niet meer dan een halve gram en ligt in de holte van de schedelbasis. Bij een stressvolle gebeurtenis scheidt de hypofyse een hormoon uit (corticitropine) dat ervoor zorgt dat de bijnieren cortisol gaan produceren. De hypofyse wordt bij deze stressrespons geactiveerd door de hypothalamus▸. Deze verbanden heten de HPA-as (naar de Engelse afkorting hypothalamic pituitary adrenal axis)▸. De HPA-as is een langzame respons op stress: het duurt ongeveer dertig minuten voordat cortisol in het bloed gemeten kan worden.

Hypothalamus ▸ De hypothalamus is een onderdeel van het limbische systeem in onze hersenen. Hij controleert het autonome zenuwstelsel en speelt een cruciale rol bij de organisatie van gedragingen die zorgen voor de overleving van het individu en de soort: eten, vechten, vluchten, paren. Daarnaast speelt de hypothalamus ook nog een cruciale rol bij de temperatuurregeling.

Immuunsysteem ▸ Dit is een verdedigingssysteem met als doel indringers of veranderde eigen cellen te bestrijden. De Latijnse term 'immunis' betekent vrijgesteld, verwijzend naar bescherming tegen indringers van buiten. Wanneer we over een immuunsysteem spreken, bedoelen we immuunrespons in multicellulaire organismen, waarin een groot aantal cellen en moleculen samenwerken om indringers te weren. Naast de bescherming tegen virussen, bacteriën en parasieten wordt het immuunsysteem ook wel ingezet om afvalstoffen of zieke lichaamscellen als kankercellen op te ruimen.

Lactaat ▸ Lactaat wordt aangemaakt in spieren en hersenen en ander weefsel wanneer er te weinig zuurstof aanwezig is. Voedingsstoffen worden opgenomen in het lichaam en in deze organen verbrand voor de levering van energie. Zuurstof is nodig voor een goede verbranding. Als er genoeg zuurstof aanwezig is, zal er geen of nauwelijks lactaat gevormd worden. Als er echter te weinig zuurstof aanwezig is, wordt bij de verbranding lactaat gevormd in plaats van koolzuurgas (CO_2) en water. Het lactaat wordt weer omgezet in koolzuur en water zodra er weer voldoende zuurstof is. Als dat echter te lang duurt, hoopt lactaat zich op in het bloed, waardoor de zuur-basebalans verstoord wordt: de zuurgraad (pH) daalt en er treedt verzuring op.

Melatonine ▸ Dit is een hormoon dat bij mensen in de epifyse (pijnappelklier) geproduceerd wordt uit serotonine en dat in een met de tijd van de dag variërende hoeveelheid aan het bloed en het hersenvocht wordt afgegeven. Het is bij veel dieren van invloed op het slaap-waakritme en het voortplantingsritme. Bij mensen is de natuurlijke productie van melatonine door de pijnappelklier direct gekoppeld aan de blootstelling aan licht van bepaalde receptoren in het netvlies van de ogen. Bij de aanwezigheid van blauwachtig licht (uit zonlicht of uit kunstlicht van een televisie of monitor) wordt de productie van melatonine geremd. Neemt de blootstelling aan licht af, dan komt de natuurlijke productie van melatonine weer op gang. Voor het lichaam is dit het signaal om activiteiten te verminderen en zich voor te bereiden op de nacht.

Microglia ▸ Een microglia bestaat uit cellen die de macrofagen van het centrale zenuwstelsel zijn. Dit zijn kleine cellen met een kleine kern en met in hun cytoplasma talrijke lysosomen en andere insluitsels die ook in andere macrofagen worden aangetroffen. Ze komen voor in zowel de witte als de grijze stof van het centrale zenuwstelsel.

Mitochondriën ▸ Mitochondriën functioneren als energiecentrale van de cel. Omdat mitochondriën de cel van energie voorzien, is er een verband tussen de energiebehoefte van een cel en het aantal mitochondriën per cel.

Neocortex ▸ De neocortex is het jongst geëvolueerde deel van de hersenen. Mensen hebben naar verhouding een grote neocortex, in vergelijking met andere zoogdieren. In dit deel van de hersenen ligt onder andere ons fijngevoelig taalvermogen, onze ratio en analytisch denkvermogen.

Pijnappelklier ▸ Dit wordt ook wel de epifyse genoemd en produceert het hormoon melatonine. Dit hormoon heeft effect op verschillende lichaamsfuncties. Zo maken we melatonine aan bij een tekort aan daglicht en heeft het mogelijk invloed op de seizoensgebonden gemoedsrust. We hebben voldoende daglicht (zonlicht) nodig om voldoende melatonine aan te maken, wat bij een correct slaapritme door de klier wordt vrijgegeven.

Plasma ▸ Plasma bestaat uit water waarin eiwitten, mineralen, vetten en hormonen zijn opgelost. Het vervoert de bloedcellen door het lichaam en bevat ruim honderd soorten eiwitten die allemaal een verschillende functie hebben. Zo heeft het eiwit albumine een wateraanzuigende functie: het zorgt ervoor dat het water in de bloedvaten blijft en niet weglekt naar de weefsels. Plasma bevat ook stollingsfactoren: eiwitten die samen met de bloedplaatjes een belangrijke rol vervullen bij het bloedstollingproces.

Prednison ▸ ontstekingsremmend medicijn.

PSA ▸ PSA staat voor Prostaat Specifiek Antigeen en is een eiwit dat normaal in geringe mate in het bloed aanwezig is. Het wordt gevormd in het klierweefsel van de prostaat. Het is waarschijnlijk een maat voor activiteit van bepaalde delen van het prostaatweefsel, maar het is nog niet duidelijk waardoor de verschillende PSA-waarden worden veroorzaakt. Wel is duidelijk dat bij het ouder worden het PSA-gehalte in het bloed kan stijgen, zonder dat er afwijkingen aan de prostaat worden gevonden.

Receptoren ▸ Dit zijn eiwitten in het celmembraan, of de celkern, waaraan een specifiek molecuul kan binden. Receptoren kunnen signalen van binnen of buiten de cel doorgeven. Wanneer een signaalmolecuul aan een receptor bindt, kan de receptor een cellulaire respons op gang brengen. Zowel lichaamseigen (endogene) stoffen (zoals neurotransmitters, hormonen en cytokinen), als lichaamsvreemde (exogene) stoffen (zoals antigenen en feromonen) kunnen een dergelijke cellulaire respons opwekken.

Parasympaticus ▸ Dit is het deel van het zenuwstelsel dat te maken heeft met ontspanning, daarom wordt het ook wel het 'rempedaal' genoemd. Als deze actief is, dan is onze hartslag laag en ademen we rustig. We hebben een actieve spijsvertering en de doorbloeding van de huid is goed.

Sympaticus ▸ Dit is het deel van je zenuwstelsel dat te maken heeft met actie, daarom wordt het ook wel het 'gaspedaal' genoemd. Als deze domineert bevinden we ons in de zogenoemde vecht- of vluchtstand, waarbij de ademhaling versnelt, de spijsvertering stilstaat en de hartslag omhooggaat.

Telomeren ▸ Een telomeer is een stukje DNA aan het uiteinde van een chromosoom. Bij iedere celdeling wordt de telomeer een stukje korter. De telomeer beschermt het DNA – na vijftig tot zestig delingen kan de cel niet meer delen omdat de telomeer te kort is geworden.

Transcriptiefactoren ▸ Een transcriptiefactor is een eiwit dat bindt aan de promotor van een gen. Zo zorgt een transcriptiefactor voor meer of minder transcriptie van dat gen.

Zuurstofsaturatie ▸ Dit wordt ook wel zuurstofverzadiging genoemd en is de waarde die aangeeft hoeveel procent van de hemoglobine in de rode bloedcellen in het slagaderlijke bloed zuurstof heeft gebonden. In de slagaders hoort 95 tot 100 procent van het hemoglobine zuurstof gebonden te hebben. De zuurstofsaturatie zegt alleen wat over de hoeveelheid gebonden zuurstof in het slagaderlijke bloed. Het zegt niets over het verversen van de lucht in de longen en het uitwassen van koolzuurgas.

Geraadpleegde literatuur en onderzoek

Literatuur

Dehue, Trudy, *De depressie -epidemie*, Atlas Contact 2010.

Langendijk, Pieter en Van Enkhuizen, Agnes, *De parasympathicus, in relatie met stress, geestelijke en lichamelijke ziekten*, Ank Hermes 1989.

Servan-Schreiber, David, *Uw brein als medicijn*, Kosmos Uitgevers 2013 (herdruk).

Van der Poel, Stans, *Chronische vermoeidheid nooit meer*, Uitgeverij Lucht 2014.

Onderzoeken

Bleakly et al., Onderzoek naar de effecten van koudwaterbaden op het herstel. www.ncbi.nlm.nih.gov/pubmed/20457737

David P. Fairlie, Ph D., Onderzoek naar verband tussen ontstekingen en overgewicht. www.fasebj.org/content/27/12/4757.abstract

Lobke Gierman (1983) promoveerde op 18 juni 2013 op het proefschrift *Inflammation: a link between metabolic syndrome and osteoarthritis.*

Hopman et al. (2010), 'Metabolisme van Hof tijdens blootstelling aan ijs stijgt met 300 procent.' www.pubmed.com

Marken-Lichtenbeld et al. (2011), 'Maar het blijkt dat bruin vetweefsel door kou kan worden geactiveerd.' www.pubmed.com